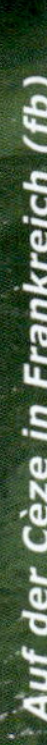
Auf der Cèze in Frankreich (fb)

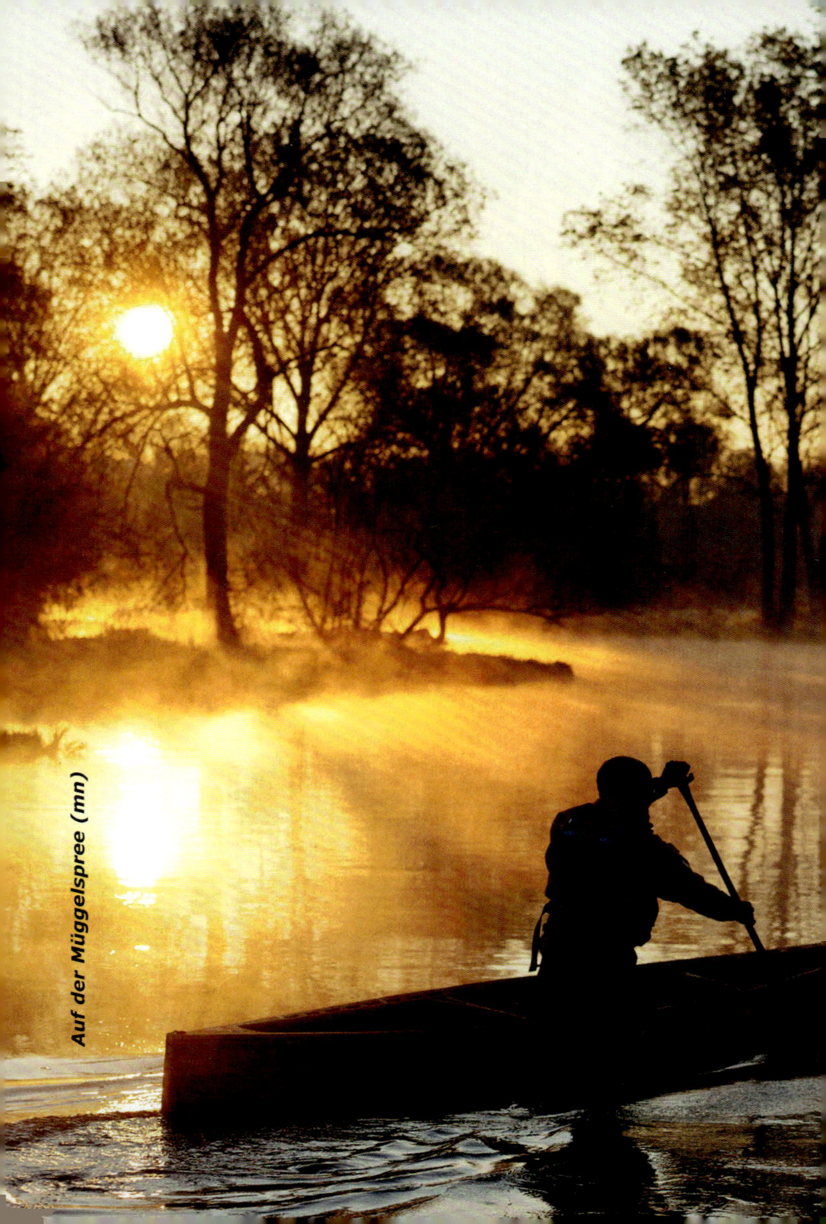

Auf der Müggelspree (mn)

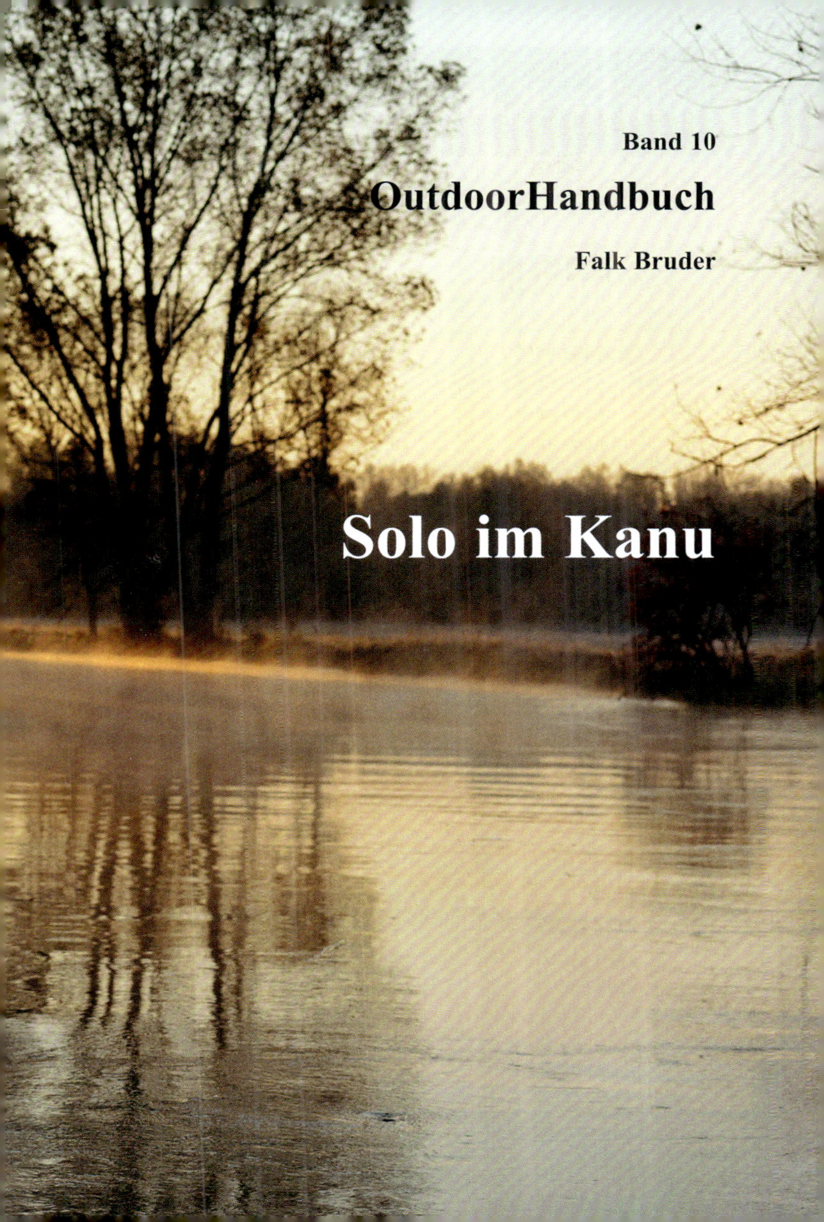
Band 10
OutdoorHandbuch
Falk Bruder
Solo im Kanu

Solo im Kanu

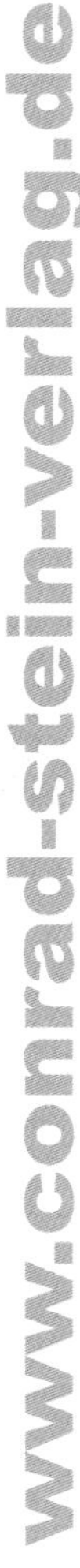

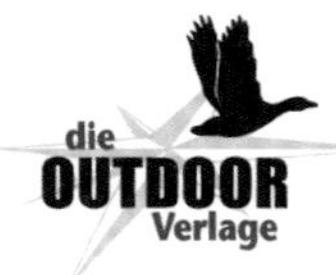

Alle Informationen, schriftlich und zeichnerisch, wurden nach bestem Wissen zusammengestellt und überprüft. Sie waren korrekt zum Zeitpunkt der Recherche. Eine Garantie für den Inhalt, z.B. die immerwährende Richtigkeit von Preisen, Adressen, Telefon- und Faxnummern sowie Internetadressen, Zeit- und sonstigen Angaben, kann naturgemäß von Verlag und Autor - auch im Sinne der Produkthaftung - nicht übernommen werden.

Der Autor und der Verlag sind für Lesertipps und Verbesserungen (besonders per E-Mail) unter Angabe der Auflagen- und Seitennummer dankbar.

Dieses OutdoorHandbuch hat 112 Seiten mit 36 farbigen Abbildungen sowie 21 farbigen Illustrationen. Es wurde auf chlorfrei gebleichtem Papier gedruckt, in Deutschland klimaneutral hergestellt und transportiert (die Zertifikatnummer finden Sie auf unserer Internetseite) und wegen der größeren Strapazierfähigkeit mit PUR-Kleber gebunden.

OutdoorHandbuch aus der Reihe „Basiswissen für draußen“, Band 10

ISBN 978-3-86686-010-0 1. Auflage 2013

Dieses OutdoorHandbuch wurde konzipiert und redaktionell erstellt vom Conrad Stein Verlag GmbH, Postfach 1233, 59512 Welver, Kiefernstraße 6, 59514 Welver, ☏ 023 84/96 39 12, FAX 96 39 13, info@conrad-stein-verlag.de, www.conrad-stein-verlag.de

Werden Sie unser Fan: www.facebook.com/outdoorverlage

Unsere Bücher sind überall im wohl sortierten Buchhandel und in cleveren Outdoorshops in Deutschland, Österreich und der Schweiz erhältlich.
Auslieferung für den Buchhandel:

D	Prolit, Fernwald und alle Barsortimente
A	freytag & berndt, Wolkersdorf
CH	AVA-buch 2000, Affoltern und Schweizer Buchzentrum
I	Leimgruber A & Co. OHG/snc, Kaltern
BENELUX	Willems Adventure, LT Maasdijk
E	mapiberia f&b, Ávila

Text: Falk Bruder
Fotos: Falk Bruder (fb) und Michael Neumann (mn)
Lektorat, Layout & Illustrationen: Annalena Hunke
Gesamtherstellung: AZ Druck und Datentechnik GmbH, Kempten

Titelfoto: Auf der Steirischen Salza in Österreich (fb)

Inhalt

Outdoorliteratur und Umweltschutz

- was könnte besser zusammenpassen? Wir vom Conrad Stein Verlag produzieren unsere Bücher so umweltschonend wie möglich.

Wir drucken klimaneutral!

Wir verwenden nicht nur umweltfreundliche Materialien, sondern arbeiten auch mit einer Druckerei zusammen, die sich für Klimaschutz engagiert. Dass beim Druck klimaschädliches CO_2 entsteht, lässt sich leider nicht vermeiden. Dies versuchen wir aber auszugleichen, indem wir Klimaschutzprojekte unterstützen - z.B. den Bau von Wasserkraftwerken, die besonders wenig CO_2 produzieren. So werden die Treibhausgase, die beim Druck unserer Bücher entstehen, an anderer Stelle eingespart.

Auf unserer Homepage finden Sie für jedes Buch eine Climate-Partner-Zertifikatsnummer und einen Link zu der Seite 💻 www.climatepartner.com. Hier finden Sie weitere Informationen und können sehen, welche Umweltprojekte mit unseren Abgaben gefördert wurden.

Übrigens ...

... war der Conrad Stein Verlag der erste Buchverlag in Deutschland, der konsequent klimaneutral produzieren und transportieren ließ. Wir hoffen, dass uns viele andere Verlage auf diesem Weg folgen!

Über den Autor

Falk Bruder paddelt seit 30 Jahren und hat bislang knapp 40.000 Kilometer auf über 600 Gewässern in 26 Ländern zurückgelegt. Weit über 90 % davon im Kanadier: vom schweren Wildwasser durch den Grand Canyon über die ruhigen Seen der Mecklenburger Seenplatte bis hin zu Open Canoe Erstbefahrungen in Nepal. Seit 1996 schreibt Falk Bruder als freier Journalist für das KANU Magazin und wird von der Redaktion als kompetenter Ansprechpartner für alle Kanadierfragen geschätzt. Seinen umfangreichen und vielseitigen Erfahrungsschatz zum Thema hat er in diesem Buch zusammengetragen.

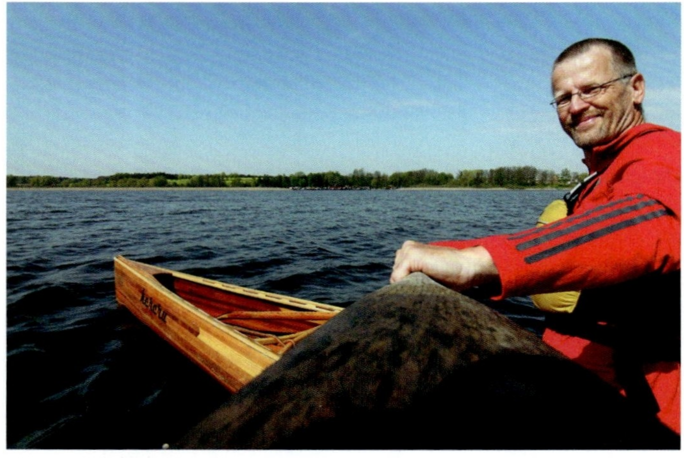

Symbole

 Buchtipp

Fotoverweis

 Homepage

 Mobiltelefon

Telefon

 Verweis

Einleitung

„Im Einer kann Ihnen gar keiner: die Wirtin nicht und nicht der Gerichtsvollzieher, vom mitpaddelnden Scheich hinten oder der keifenden Furie vorn ganz zu schweigen."

- Herbert Rittlinger

Da hat der Altmeister des Kanusports recht. Im Einer hat man einfach mehr Unabhängigkeit, mehr Freiheit. Man kann nach Lust und Laune Zeitpunkt, Dauer und Ziel der Reise selbst bestimmen. Es gibt keinen Partner, dessen Rhythmus man beeinflussen möchte oder der einem unerwünschte Manöver diktiert.

Der Tandem-Kanadier hat natürlich seine Reize, als Familienboot ist er unschlagbar. Eingespielte Teams paddeln effektiver und haben mehr Reichweite. Auch Anfängern fällt die Zusammenarbeit meist leichter, denn geteilte Freude ist oft doppelte Freude.

Aber ein Solo-Kanadier ist doch noch etwas anderes: Er stellt echte Herausforderungen und belohnt mit besonderen Erlebnissen. Darüber hinaus bietet er ungeahnte Möglichkeiten - gerade auch erfahrenen Paddlern, die neue Ufer anstreben.

Solo im Kanu unterwegs zu sein, verlangt vom Paddler die intensive Beschäftigung mit seinem Sportgerät und das Erlernen einer umfassenden Paddeltechnik. Im Solo-Kanadier muss man „besser" sein als seine Mitpaddler im Kajak oder Tandem, damit man mithalten kann.

Mit dem vorliegenden „Solo im Kanu" möchte ich dich auf dem Weg zur Meisterschaft am Stechpaddel begleiten, dir Grundtechniken erklären und mit Übungen und Hilfestellungen weiterhelfen. Bist du schon ein erfahrener Stechpaddler, findest Du in den Profi-Tipps vielleicht eine neue Herausforderung. Wenn wir uns irgendwo auf dem Wasser mal begegnen, kannst du mir davon ja erzählen.

Ahoi!
Falk Bruder

Acht Solo-Tipps vorweg

1. Klein anfangen

Noch Schwierigkeiten mit einem effektiven Geradeauslauf und den Grundschlägen? Dann zunächst kurze Touren und ein paar Baggersee-Übungstage einplanen.

2. Immer locker bleiben

Nie krampfhaft am Paddel festhalten. Elegante Paddelmanöver leben von einem festen, aber beweglichen Griff - übrigens macht es dann auch gleich viel mehr Spaß.

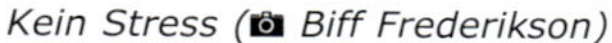

Kein Stress (Biff Frederikson)

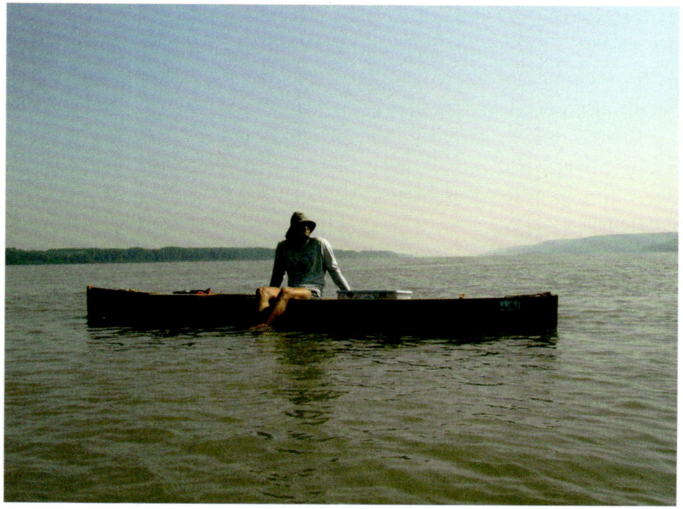

3. Stur sein

Nicht nach jedem (zweiten) Paddelschlag die Seite wechseln. Das kostet Kraft und Effizienz - und sieht albern aus. Gewechselt wird höchstens in großzügigen Abständen.

4. Lernen fürs Leben

Gleich die richtigen Grund- und Korrekturschläge aneignen - via Fachliteratur oder Kanu-Kurs.

5. Sich drehen und wenden

Mit Körperrotation paddeln, dabei setzt man den gesamten Oberkörper ein. Mehr Muskelgruppen werden bewegt, Schultern und Arme ermüden weniger.

6. Ausgewogenheit

Der Trim (Lage des Boots im Wasser) sollte neutral bis leicht hecklastig sein - das bringt einen guten Kompromiss aus Spurtreue und Wendigkeit.

7. Die Stirn bieten

Bei Gegenwind etwas buglastig trimmen. Bei Wind schräg von vorne möglichst auf der windabgewandten Seite paddeln, so spart man sich anstrengende Korrekturen. Bei starkem Gegenwind das Paddelblatt möglichst für den ganzen Schlag im Wasser lassen (z.B. Drehschlag) oder mit dem Bentshaftpaddel *sit'n'switchen*.

8. Die Kante geben

Das Boot immer leicht zur Paddelseite hin ankanten. Dies gilt vor allem bei breiten Booten. Man paddelt so „näher" am Wasser und hat mehr Kontrolle.

Dein Kanu und du - Ausrüstung und Zubehör

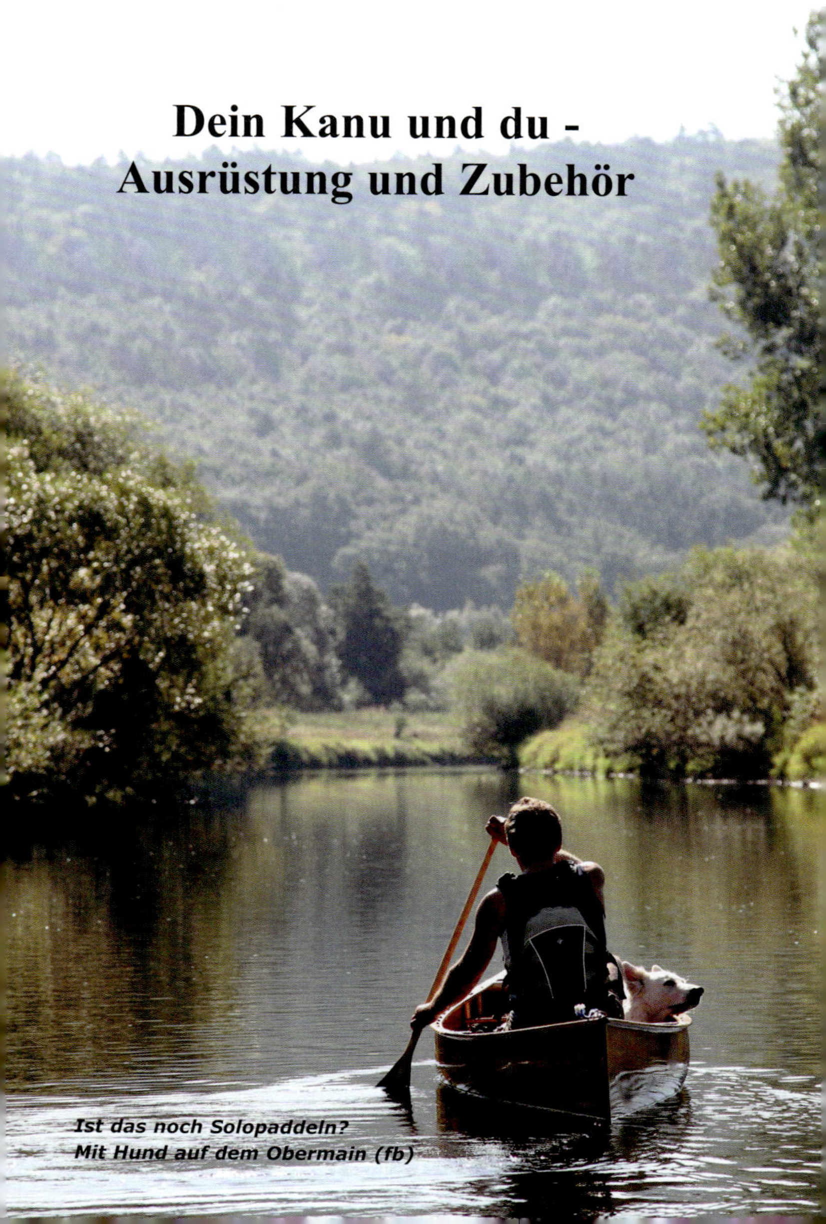

Ist das noch Solopaddeln?
Mit Hund auf dem Obermain (fb)

Bootstypen

Kanadier kann man in vier Grundkategorien einteilen. Im Mutterland Nordamerika unterscheidet man *Recreation Canoes* (Wanderkanadier), *Riverrunning Canoes* (Flusstourer), *Touring Canoes* (Tourenkanadier) und *White Water Canoes* (Wildwasserkanadier). Manche Hersteller verwenden anderslautende Bezeichnungen, wichtiger sind jedoch die entsprechenden Definitionen, die sich bei allen Anbietern in etwa gleichen. Diese vier Klassen werden nachstehend vorgestellt.

Diese Einteilung bedeutet aber nicht, dass mit einem Flusstourer nur auf Flüssen gepaddelt oder mit einem Wildwasserkanu nur die steile Meile befahren werden kann. Oft sind die Übergänge fließend. Aber: ein Kanu, das für alles gleich gut ist, gibt es nicht. Prinzipiell ist jedes Kanu auf jedem Gewässer einsetzbar (das macht ja auch die Faszination Kanadier aus) - von extremen Bedingungen mal abgesehen. Man muss dann aber mehr Kompromisse eingehen und macht es sich oft schwerer als unbedingt nötig. Eine gute und effektive Paddeltechnik hilft zwar zunächst weiter, aber schnell wird bemerkt: Erst mit dem richtigen Boot für den richtigen Einsatzzweck erschließt sich das Erlebnis Kanufahren in seiner Gänze.

Wanderkanadier - Der Alleskönner

Dieser Bootstyp ist kein Spezialist mit besonderen Fähigkeiten, sondern der Allrounder. Einen Wanderkanadier kann man überall einsetzen, auf spritzigen Flüssen ebenso wie auf großen Seen. Anfänger fühlen sich meist auf Anhieb wohl. Allerdings darf man in Sachen Tempo und optimaler Fahreigenschaften keine Wunder erwarten.

Merkmale: meist recht flacher Boden für große Anfangsstabilität und leichter Kielsprung für einfaches Manövrieren. Ein ausgewogenes Längen-Breiten-Verhältnis sorgt für gutes Handling. Die Länge liegt zwischen 3,80 m und 4,30 m, somit ist auch Platz für etwas Gepäck. Wanderkanadier sind in allen Materialvarianten erhältlich.

Anforderungen an den Paddler: gering. Bereits Anfänger kommen nach kurzer Gewöhnung zurecht.

Flusstourer - Schön spritzig

Diese Klasse eignet sich perfekt für spritziges Gewässer, vom kurvenreichen Kleinfluss bis hin zu mäßig schwerem und offenem Wildwasser (bis WW II). River Runner sollten höchsten 4,50 m lang sein, als Material wird hauptsächlich Royalex verwendet.

Merkmale: Die bullige Form mit voluminösen Spitzen und nach außen weisender Seitenwand (*flare*) sorgt für einen trockenen Lauf, selbst in größeren Wellen. Hohe Seitenwände lassen auch mittschiffs weniger Wasser ins Boot. Der leichte Rundboden sorgt für Formstabilität des Unterschiffs, bewirkt aber auch eine etwas geringere Anfangsstabilität. Dies macht jedoch eine satte Endstabilität wieder wett. Für ausgeprägte Wendigkeit ist der starke Kielsprung verantwortlich. Im Verhältnis zu anderen Kanus gleicher Größe sind diese Boote etwas schwerer, da kritische Punkte besonders verstärkt werden müssen.

Anforderungen an den Paddler: Weniger das Boot als der Einsatzbereich verlangt gute Paddeltechnik und Erfahrung mit fließendem Wasser. Dennoch eignet sich dieser Typ auch als gutes Übungsboot auf bewegten Bächen, solange man sich nicht überschätzt. Achtung Anfänger: nicht verzweifeln, an die extreme Wendigkeit gewöhnt man sich ...

Geeignet für Fließgewässer: der Faltkanadier (fb)

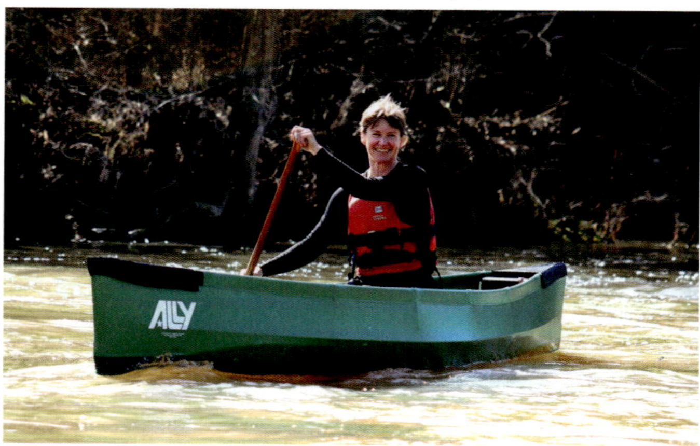

Tourenkanadier - Flotter Flitzer

Ein echter Tourer macht selbst längere Etappen zum Vergnügen - dafür sind hervorragender Leichtlauf und gute Spurtreue Voraussetzung. Große Entfernungen auf weiten, ruhigen Wasserflächen sind das optimale Revier, aber auch auf offenen Flussstrecken haben diese Boote ihre Berechtigung - auf engen Bächen weniger.

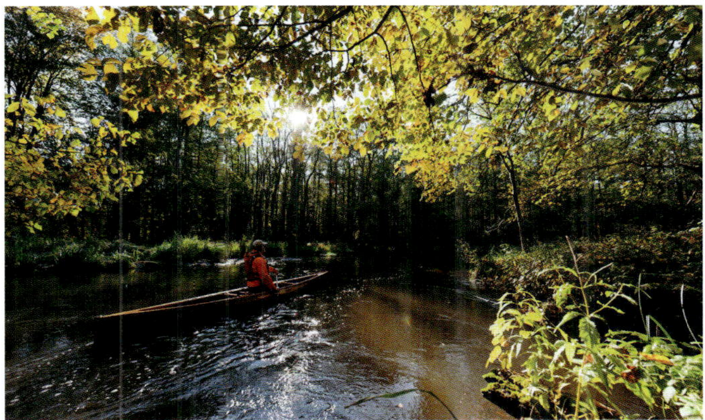

Der typische Tourenkanadier - lang, schlank und flott (mn)

Merkmale: schlank und rank. Im Querschnitt bewirkt ein leichter Rund- oder V-Boden eine verminderte Anfangsstabilität, die Endstabilität (Kentersicherheit) ist gut. Der meist gerade Steven zieht die Kiellinie auf fast die gesamte Bootslänge aus, einen Kielsprung sieht man selten. All dies verhilft zu gutem Geradeaus- und Leichtlauf, woran auch eine hohe Zuladung nichts ändern sollte.

Tourenkanadier sind mindestens 4,80 m lang und in allen Materialvarianten erhältlich, wobei Leichtbaulaminate die Fahreigenschaften am besten unterstützen.

Anforderungen an den Paddler: mittel bis hoch, Tourer sind im ersten Moment etwas kippeliger und fordern effektiven Paddeleinsatz, z.B. um enge Kurven zu fahren. Um alle Qualitäten auszuschöpfen, bedarf es auch geradeaus einer ausgereiften und guten Paddeltechnik.

Wildwasserkanadier - fürs Extreme

Das „Open Canoe" ist mit Sattelsitz und großvolumigen Auftriebskörpern ausgerüstet und erlaubt Experten, sich höchste Schwierigkeitsgrade herunterzustürzen.

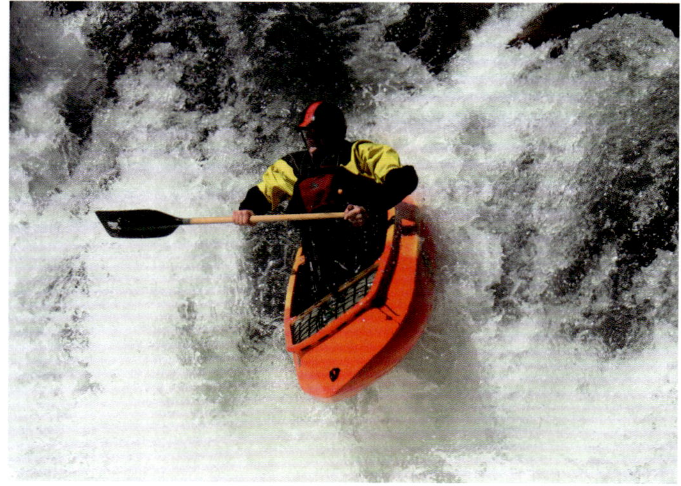

Im Wildwasser wird dem Paddler einiges abverlangt (fb)

Merkmale: Neben einem sicheren und bequemen Outfitting mit Luftsäcken, Kniegurten und den sattelähnlichen Sitzen sind die bulligen Formen das Hauptmerkmal dieses Bootstyps. Soloboote gibt es in diesem Bereich zahlreich - von ultrakurz als Spielboot bis knapp an die Vier-Meter-Marke. Als Material werden Royalex oder Polyethylen verwendet. So erreicht man höchste Robustheit auch bei häufigem Steinkontakt nebst einem akzeptablen Gewicht.

Anforderungen an den Paddler: sehr hoch. Im Wildwasser kommt neben den Faktoren der Strömungsgeschwindigkeit, des Gefälles, der fließenden Wassermenge und der Dichte der Verblockung durch Felsen und andere Hindernisse noch der Zeitfaktor hinzu, der dir für die Wahl der notwendigen Fahrtroute meist sehr wenig Zeit lässt.

Sonderformen - fürs Spezielle

Den geschlossenen C1 findet man vorrangig im Wildwasser und beim Kanu-Slalom; im Kanu-Rennsport paddeln die Wettkämpfer in extrem kippligen „Dachrinnen“. Auch das American Freestyle verlangt nach speziellen Booten: extrem wendig, sehr hohe Endstabilität - dazu mehr im Kapitel ☞ American Freestyle und Canadian Style, S. 81. Im Ozeansport gibt es die Disziplin des Outrigger Canoes, eines mit Stechpaddel gefahrenen Auslegerboots.

Das Tandemkanu als Soloboot

Last but not least kann man natürlich auch jeden Zweierkanadier als Soloboot verwenden. Es empfehlen sich eine Sitzposition nahe der Bootsmitte und ein seitliches Ankanten, damit man trotz großer Bootsbreite das Paddel möglichst effektiv ins Wasser bringen kann. Die Spezialitäten und Techniken des Canadian Style Paddling finden sich im Kapitel ☞ American Freestyle und Canadian Style, S. 81.

Zweimal solo im Tandem im Killarney Provincial Park in Kanada (fb)

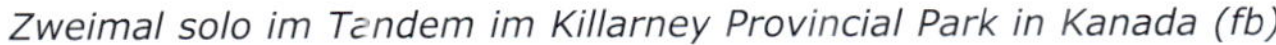

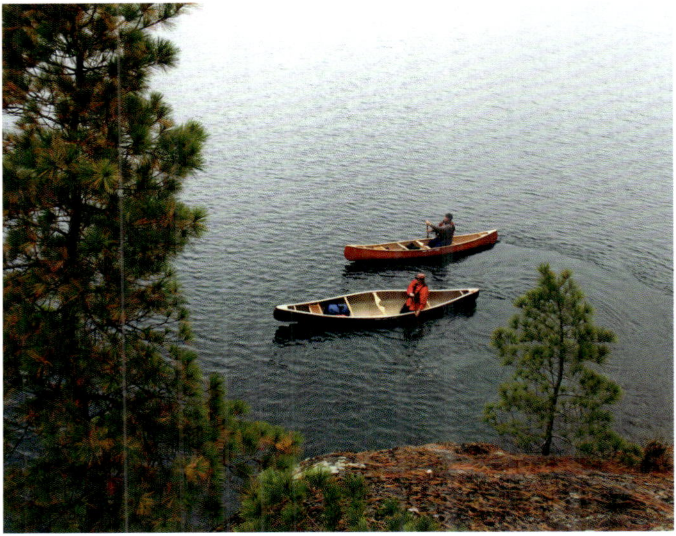

Formsache

Das Kanu in der Draufsicht

Linienführung: Während bei Tourenkanadiern schlanke Rümpfe mit schmalen Spitzen eine elegante Linienführung ausmachen, wirken Wildwasserkanus wesentlich bulliger und plumper. Sie brauchen viel Volumen in den Spitzen für einen trockenen Lauf.

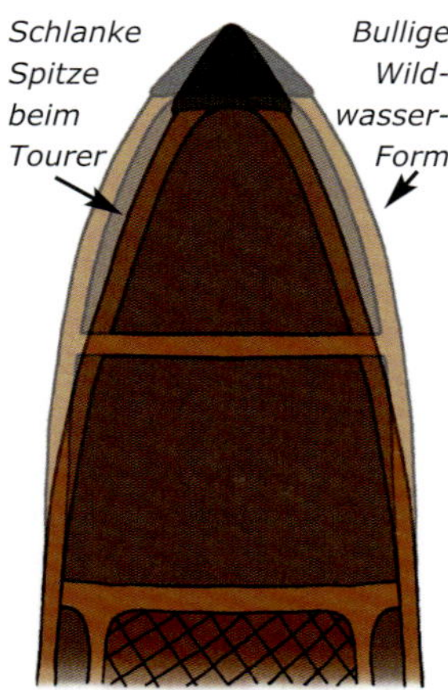

Abb. 1: Beim Blick von oben auf die Enden des Kanus kann man den geeigneten Einsatzbereich erkennen.

Länge: Lange Boote (ab 4,6 m) bieten in der Regel guten Leichtlauf, fahren besser geradeaus und tragen mehr Lasten. Kürzere Boote sind deutlich wendiger und leichter (siehe auch ☞ Kiellinie, S. 22).

Breite: Ein breiteres Boot ist weniger kippelig, das geht aber auf Kosten des Tempos. Schlanke Boote lassen sich schneller, leichter und effektiver paddeln.

Ausschlaggebend ist das Verhältnis von Länge zu Breite: Lang und schlank bietet die besseren Leicht- und Geradeauslaufeigenschaften. Kurz und breit gibt Sicherheit und Wendigkeit.

Symmetrie: Oft sind Vorder- und Hinterschiff identisch. So kann ein Zweier auch als Soloboot genutzt werden, indem man das Boot „rückwärts" vom Vordersitz aus paddelt. Das ist bequem und besonders effektiv, da man nahe dem Drehpunkt in der Bootsmitte platziert ist.

Je spezieller der Einsatzbereich vordefiniert ist, desto eher fließen auch asymmetrische Linien in den Kanubau ein.

Zuladung: Die maximale Zuladung wird oft auf Basis des Freibords angegeben - die tiefste Stelle der Bordwand ragt bei voller Beladung noch ca. 15 cm aus dem Wasser. Doch manches Kanu liegt schon bei der Hälfte dieses

Gewichts wackelig im Wasser, andere wiederum brauchen eine gewisse Grundbeladung und genaue Gewichtsverteilung, um überhaupt eine akzeptable Wasserlage zu bekommen.

Hier hilft nur Probepaddeln. Gut bewährt für Lastenschiffe hat sich ein leichter Rundboden mit etwas Flare im Mittelschiff.

Das Kanu in der Seitenansicht

Der Steven - die Bugform von der Seite aus betrachtet

Abb. 2: Bugformen

Schiffsbug: In Kombination mit nach außen weisenden Seitenwänden im Vorderschiff sehr trockener Lauf, auch in Wellen, gut für Seekanadier und im Wildwasser.

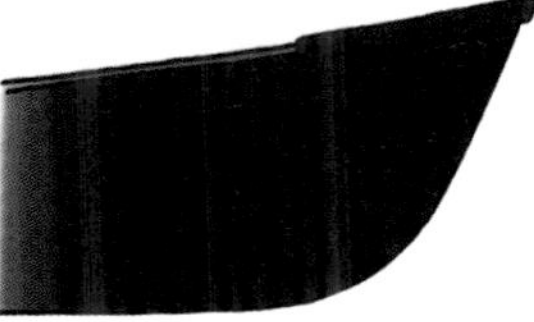

Schiffsbug

Gerader Steven: Ein gerader Steven zieht die Wasserlinie bis fast auf die gesamte Bootslänge aus, er ist ein deutliches Erkennungsmerkmal für leicht laufende Touring-Kanadier.

Nachteil: Gerade Steven sind weniger wendig und bleiben auch mal an Hindernissen hängen.

gerader Steven

Gerundeter Steven: In Verbindung mit der Spitzenhöhe tragen runde Steven sehr zum „Look" des Indianerboots bei. Weit hochgezogene Spitzen sind eine Geschmacksfrage, über die sich Paddler viel und gerne streiten. Für die einen sind die „Indianerspitzen" Windfänger, für die anderen einfach eine Frage des richtigen Stils.

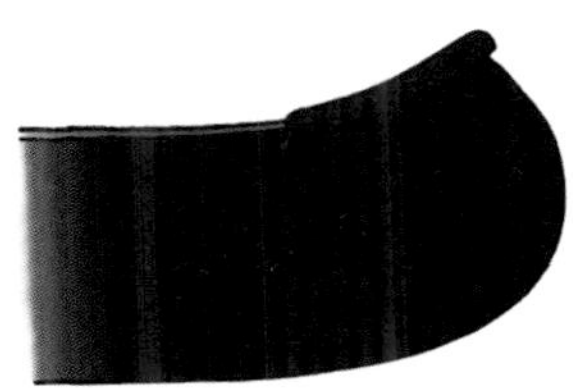

gerundeter Steven mit „Indianerspitze"

Je größer der Radius des Stevens ist, desto mehr erhöhen sich die Wendigkeit (als Folge der Verkürzung der Wasserlinie) und die Eigenschaft des Kanus, leichter über Hindernisse im Wasser hinweg zu rutschen.

Die Form des Kiels

Kiellinie: Erkennbar nur in der Seitenansicht (für Fahreigenschaften ist nur wichtig, was auch im Wasser liegt). Eine Kiellinie, die möglichst lange schnurgerade verläuft, sorgt für tollen Geradeauslauf und Leichtlauf, allerdings auf Kosten der Wendigkeit.

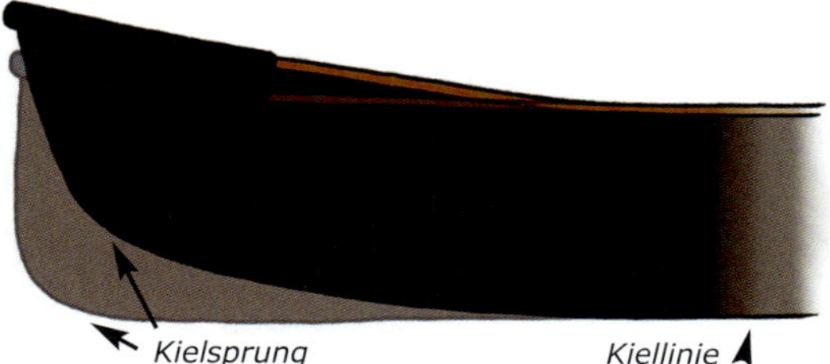

Abb 3: Die Form der Kiellinie gibt die Wendigkeit des Kanus vor.

Kielsprung (auch „scoop" oder „rocker"): Die Aufbiegung der Kiellinie zu den Enden hin bringt Wendigkeit, verringert aber die Endgeschwindigkeit. Ein reiner Tourer hat somit kaum Kielsprung, ein Wanderkanadier etwas, ein reines Wildwasserboot davon sehr viel.

Das Kanu im Querschnitt

Die Seitenwände

Höhe: Hohe Seitenwände bieten mehr Zuladung und Schutz vor Wellen. Zu hoch behindern sie jedoch einen effektiven Paddeleinsatz, bieten Seitenwind viel Angriffsfläche und erhöhen das Bootsgewicht.

Abb. 4: Die Form der Seitenwand entscheidet über Trockenlauf und Effektivität beim Paddeln.

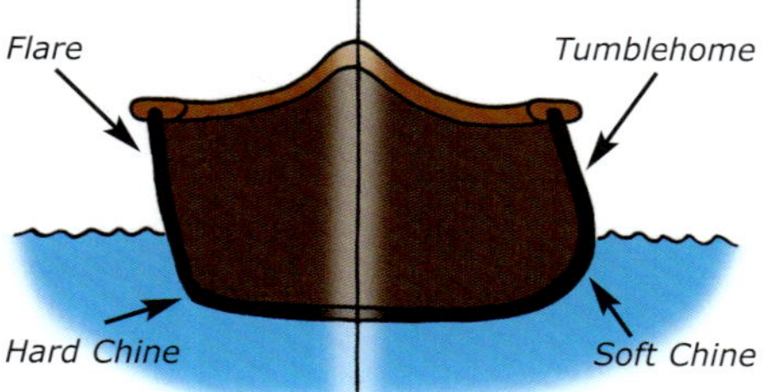

Flare: Eine nach außen weisende Seitenwand verhindert, dass Wasser ins Boot schwappt. Flare wird vor allem im Bugbereich verwendet, um besseren Trockenlauf zu erzielen.

Tumblehome: Nach innen gezogene Seitenwände in der Bootsmitte erlauben es, näher an der Längsachse des Kanus zu paddeln (das ist effektiver), ohne dass Zuladung und Stabilität nachlassen.

Gerade Seitenwände finden bei einfacheren Bootsdesigns oder am Heck Verwendung.

Oft werden die verschiedenen Seitenwandformen in einem Rumpf kombiniert, um die Fahreigenschaften genau abzustimmen: Flare im Vorderschiff, Tumblehome an der Paddlerposition und gerade Seitenwände im Heckbereich.

„Chine“ nennt man den Übergang von der Seitenwand in den Bootsboden. Kurz und kantig („hard chine“) sorgt für gute Anfangsstabilität durch den möglichst breiten Boden, macht das Boot aber in Seitenlage sehr kippelig und in Strömungen seitenwasserempfindlich. Ein weit ausgerundeter Übergang („soft chine“) erhöht dagegen die Endstabilität und erlaubt ein dosiertes Ankanten des Bootes.

Die Form des Bodens

Flachboden: Hohe Anfangsstabilität, vergleichsweise wendig. Angekantet (vor allem in Verbindung mit einem harten Chine) erreicht man sehr plötzlich den Kipppunkt (d.h. geringe Endstabilität). Vorsicht also auf bewegtem Wasser. Ab 4,5 m Bootslänge neigen Flachböden zum Schwabbeln und benötigen entweder Verstärkungen oder verlieren viel von ihren Vorteilen.

Abb. 5: Die Form des Bootsbodens ist für die Kippstabilität verantwortlich.

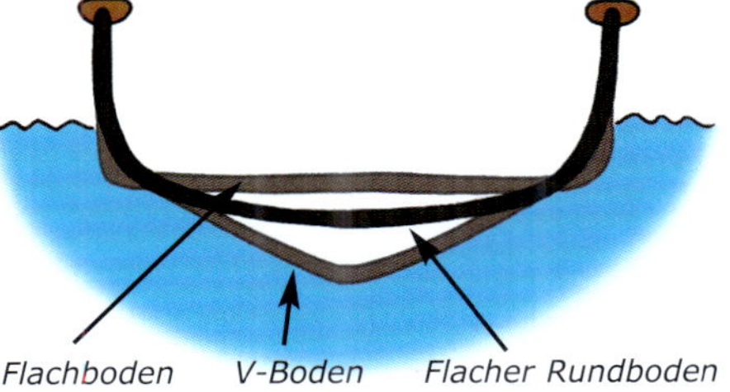

Flacher Rundboden: Verbindet gute Fahreigenschaften mit ausgewogener Anfangs- und Endstabilität sowie Rumpfsteifigkeit. Im guten Kanadierbau die wohl häufigste Form.

Je runder der Boden wird, desto schneller wird der Rumpf, aber auch desto kippeliger wird das Boot. Echte Rundböden werden nur in Wettkampfbooten eingesetzt.

V-Boden: Verbindet etwas die Vorteile des Rundbodens mit der Spurtreue eines ausgeformten Kiels. Nachteil: ein erhöhter Tiefgang, der V-Boden bleibt leichter auf Untiefen hängen, ein unbeladenes Boot kippt von der Normallage immer leicht zur einen oder anderen Seite: Das ist gewöhnungsbedürftig.

Ein ausgereifter Rumpf verbindet oft die verschiedenen Bodenformen, um möglichst Gebrauch von den Vorteilen zu machen, ohne die Nachteile zu erhalten.

Einbauten

Süllrand: Der Süllrand bildet den oberen Abschluss des Bootes und gibt die Form des Kanus in der Aufsicht vor. Süllränder gibt es aus verschiedenen Materialien: PVC (Standard bei vielen Kanadiern), Holz (edel, steif, etwas pflegeintensiv), eloxiertes Aluminium (leicht, Verletzungsgefahr bei Kratzern). Manchmal ist der Süllrand auch in die Bootsform integriert, dies vor allem im Wildwasserbereich.

Tragejoch: Nur beim Tandemkanadier macht ein Tragejoch Sinn. Es ist eine besonders geformte Querstrebe genau in Bootsmitte, die erlaubt, dass eine Einzelperson das Kanu alleine auf den Schultern tragen kann. Beim Solo-Kanadier gibt es in der Regel kein Tragejoch, in der Bootsmitte ist da ja der Sitz eingebaut. Mit etwas Bastelarbeit kann man eventuell ein abnehmbares Tragejoch einbauen, dafür gibt es entsprechendes Zubehör im Kanufachhandel.

Querstrebe (Ducht): Eine oder mehrere Querstreben definieren die Bootsbreite am Süllrand. Durch die Duchten wird der Süllrand auseinandergehalten. Querstreben sind meistens aus Holz oder Aluminium.

Sitz: Im Solo-Kanadier gibt es verschiedene Arten von Sitzen. Standard im Tourenboot ist ein Flechtsitz oder Sitzbrett. Flechtsitze gibt es mit verschiedenen Bespannungen: Rattan oder Lederriemen (traditionell), Reepschnur oder Gurtmaterial (sehr robust).

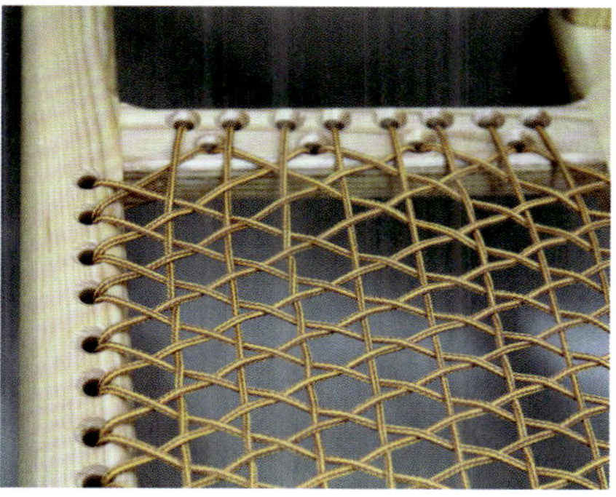
Sitz mit Bespannung aus Reepschnur (fb)

Für ausschließliches *Sit'n'Switch*-Paddeln sind in Marathonkanadiern oder anderen Langstreckentourern oft Schalensitze eingebaut. Diese erlauben aber keine alternativen Sitzpositionen oder den Kniesitz.

Für erleichterten Trim können Sitze im Tourenboot auch in Längsrichtung verstellbar sein.

Im Wildwasserboot wird ein Sattelsitz aus speziellem Schaumstoff eingeklebt. Die Sitzposition rittlings darauf ist fest definiert, Knie und Unterschenkel werden durch Gurte oder weitere Schaumstoffpolster fixiert.

Persenning: Möchte man seinen offenen Kanadier wasserdicht abschließen, kann man über den Süllrand eine Persenning aus dichtem Stoff spannen. Bis auf eine kleine Öffnung an der Sitzposition kann so kein Wasser von oben eindringen; selbst diese Sitzluke lässt sich mit einer zusätzlichen Spritzdecke noch abdichten. Vorteil ist, dass Insasse und Gepäck bei Regen und hohen Wellen besser geschützt sind und auch der Wind weniger Angriffsfläche findet. Nachteilig ist, dass man schlechter ans Gepäck herankommt, eventuell doch eingedrungenes Wasser schwerer ausleeren kann und sich das Bootsgewicht erhöht.

Materialien

Laminate

Die Verwendung von Laminaten hat im Kanubau in den 1960er Jahren die herkömmlichen Baustoffe wie Holz und Segeltuch abgelöst. Seit dieser Zeit hat sich die Technik ständig weiterentwickelt und man produziert immer aufwändiger und damit auch teurer. Je nach Beanspruchung im Rumpf werden unterschiedliche Gewebematerialien (Glasfaser, Kevlar, Carbon und/oder

Hybridgewebe) und Verstärkungen eingelegt. Standard im Kanadierbau sind hier Sandwichböden und eingebaute Auftriebskörper.

Bei der Herstellung von Laminatkanadiern kommt es besonders auf sorgfältige und saubere Handarbeit und die Verwendung von hochwertigen und aufeinander abgestimmten Grundstoffen (wie Gelcoat, Gewebe und Harze) an. Nur so erzielt man einen optimierten und hochwertigen Kanurumpf mit allen Laminatvorteilen: steif, leicht, filigran und schnittig, dennoch möglichst robust.

Man unterscheidet zwei hochwertige Verfahren:

Handauflegeverfahren: In eine Negativform werden von Hand die einzelnen Laminatschichten nass eingelegt und fest zusammengepresst. Besondere Sorgfalt und handwerkliche Erfahrung sind vonnöten, um Lufteinschlüsse und Harzklumpen zu vermeiden, die sichtbare oder strukturelle Mängel verursachen. Der hohen gesundheitlichen Gefährdung durch Dämpfe und direkten Hautkontakt muss mit geeigneter Schutzkleidung entgegnet werden. Manchmal wird anschließend durch Einlegen einer perforierten Folie, eines Saugvlieses und einer luftdichten Folie überschüssiges Harz durch Erzeugung eines Vakuums ausgepresst.

Vakuum-Bag-Verfahren: In eine Negativform werden trocken die einzelnen Gewebelagen eingelegt und eventuell nur am oberen Rand durch etwas Klebstoff fixiert. Sind alle Lagen eingelegt, werden ein Fließgitter und perforierte Schläuche eingebracht, darauf als letzte Schicht eine Plastikfolie. Eine Pumpe saugt die Luft unter der Folie heraus, dann wird durch das Schlauchsystem eine genau berechnete Menge Harz eingeleitet. Durch den Unterdruck verteilt sich das Harz im gesamten Rumpf und ermöglicht eine optimale Sättigung des Gewebes. Durch das geschlossene System können keine Harzdämpfe austreten. Darüber hinaus kann ohne Zeitdruck und damit sauberer gearbeitet werden. Derart hergestellte Rümpfe sind auf Gewicht und Materialfestigkeit optimiert.

Sandwichkunststoffe

Als vor über 30 Jahren Royalex auf den Markt kam, warf man die ersten Kanadier zur Demonstration der überragenden Materialeigenschaften erst mal vom Dach der mehrstöckigen Fabrik. Royalex ist ein Sandwichmaterial aus verschiedenen Kunststofflagen, die zu großen Platten zusammengeschweißt werden. In der Mitte liegt ein geschlossenzelliger Schaumkern, der für Steifigkeit und Auftrieb verantwortlich zeichnet. Beidseitig wird er von mehreren Lagen schlagzähem und bruchfestem ABS (Acrylnitril-Butadien-Styrol) umschlossen. Außen- und Innenhaut aus Vinyl schützen das UV-empfindliche Innenleben vor Sonne und Abrieb. Die große Kunst beim Kanadierbau aus Royalex ist, die Problemzonen (Bug, Heck, Bootsboden) zu verstärken, ohne ein Übermaß an Gewicht zu erzielen. Dazu werden die Platten bei der Herstellung mit extra Schichten an ABS und dickerem Schaumkern passend konfektioniert. Durch Erwärmung und in einem Tiefzieh-Prozess werden die Rümpfe geformt. Das fertige Boot ist robust, pflegeleicht und leichtgewichtig. Auf dem Wasser ist es warm und hat einen „eingebauten" Auftrieb.

Die recht weiche Außenhaut gehört zu den Nachteilen. Schon nach den ersten Ausfahrten sieht man einem Boot deutliche Gebrauchsspuren an, die sich nie wieder ganz kaschieren lassen. Weiterer Minuspunkt: Die sehr glatte Innenhaut wird feucht leicht zur Rutschbahn.

Wichtigste Kritikpunkte außerdem: die beschränkte Formbarkeit, es können keine scharfkantigen Steven gebaut werden, die Bootsenden wirken immer etwas plump; große ebene Flächen (z.B. Bootsboden) neigen zum Schwabbeln (Fachausdruck: „oilcanning"). Dadurch verliert man bis zu 20 % an Fahrqualität und Performance im Vergleich zu scharf geschnittenen und steifen Laminatbooten.

Bei Royalex light (auch R 84 oder Royalite) wird ein Teil der Aufgabe der ABS-Schichten von der Außenhaut mit übernommen, die Anzahl der ABS-Schichten kann reduziert werden. Diese 10 bis 15 % Gewichtsersparnis erkauft man sich mit einer nicht ganz hundertprozentig vergleichbaren Widerstandsfähigkeit, Steifigkeit und Lebensdauer. Das fällt bei Kanadiern, die nicht allzu häufig auf dem Wasser sind, aber kaum ins Gewicht. Die Light-Variante ist manchmal etwas preisgünstiger.

Armerlite/Twin Tex

Armerlite, bzw. TwinTex ist ein glasfaserverstärktes Thermoplast, das erst seit wenigen Jahren im Kanubau und bislang nur bei zwei Herstellern eingesetzt wird. Ausgangsmaterial ist ein Fasermischgewebe aus Polypropylen und Glasfaser. Dieses Gewebe wird in mehreren Lagen in eine Negativform eingelegt. Ein Sandwichboden mit Auftriebsschaum sorgt für den Eigenauftrieb. Mit Vakuumtechnik und unter Hitzezufuhr verschmelzen die einzelnen Lagen in einem Ofen zum fertigen Rumpf. Dieses Produktionsverfahren ermöglicht den Bau von deutlich leichteren und steiferen Booten und lässt „schnittigere" Kurvenradien zu. Extreme Abriebfestigkeit und Formsteifigkeit des Materials sind die großen Vorteile.

Bei Tourenbooten scheint sich dieses Material zu bewähren. Diese Kanus sind z.B. deutlich abriebfester als vergleichbare Boote aus Royalex und auf Dauer deutlich formsteifer als PE-Boote. Bei Wildwasserbooten jedoch kann es durch andauernde Schlagbelastung an unflexiblen Stellen (z.B. Bug und Heck) zur Delamination und Rissen kommen.

PE (Polyethylen)

Vor allem Wildwasserkanadier werden aus einschichtigem PE hergestellt - dank der kleineren Flächen und engeren Radien bewährt sich das Material hier durch seine hohe Schlagzähigkeit und Abriebfestigkeit. Für extremen und schonungslosen Wildwassereinsatz ist PE die erste Wahl.

Mehrschichtiges PE mit einem Schaumkern wird für Einerkanadier selten verwendet, da die Boote schwer und damit unhandlich werden.

Holz

Holz war seit Anbeginn der Kanubaustoff schlechthin. Wenigstens so lange, wie Arbeitszeit noch billig war. Denn der Bau eines Holzkanadiers ist, egal in welcher Bauweise, zeitaufwändig und damit heutzutage nur absoluten Liebhabern oder Selbstmachern vorbehalten. Dem lang gehegten Vorurteil, Holzboote seien empfindlich und sehr pflegeintensiv, kann durch Verwendung moderner Beschichtungen und besonders geeigneter Holzsorten entgegengewirkt werden; es ganz auszuräumen ist aber wohl nicht möglich.

Im Holzkanubau gibt es verschiedene Bauweisen:

Rindenkanus: In eine Schale aus Baumrinde (meist Birke) wird ein aussteifendes und formgebendes Holzgerüst eingespannt. Traditionelle Bauweise der

Ureinwohner Nordamerikas, heute nur noch selten im Kanubau, weil das Know-how vielerorts verloren gegangen ist und geeignete Materialien schwer zu bekommen sind.

Klinkerbau: Profilierte Holzleisten werden auf einem Gerippe aneinandergesetzt und durch Überlappungen wasserdicht verbunden. Durch den Wunsch nach engen Radien und kleinen Flächen sind dem Klinkerbau natürliche Grenzen gesetzt. Klinkerboote sind sehr selten, relativ schwer und oft nicht ganz dicht.

Wood & Canvas: Auf einer Positivform werden Rippen und Planken zusammengenagelt. Dieser Holzrumpf wird in eine Segeltuchhülle eingespannt, die wiederum mit Füllern und Farben wasserdicht gemacht wird. Aufwändige und teure Bauweise, selten geworden.

Im Wood & Canvas Canoe unterwegs auf dem Schluchsee (fb)

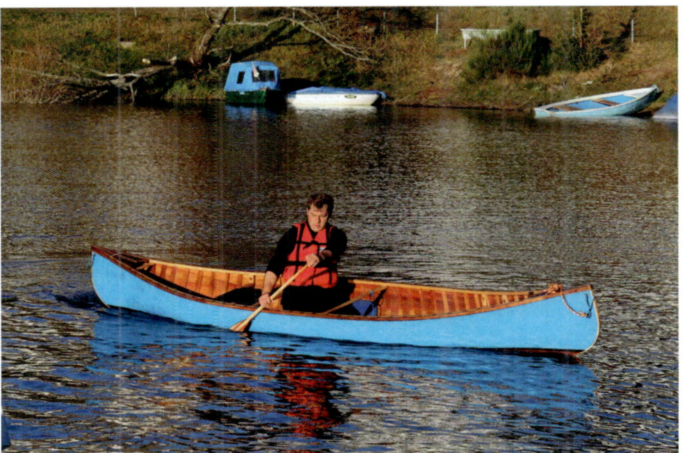

Woodstripper: Auf einer Positivform aus einzelnen Mallen werden Holzleisten miteinander verklebt. Nach dem Schleifen wird innen und außen transparentes Glasfasergewebe auflaminiert, um das Holz zu schützen und den Rumpf pflegeleicht und wasserdicht zu machen. Woodstripper werden oft im Selbstbau erstellt, wobei das Endergebnis vom funktionierenden hässlichen Entchen bis hin zum absoluten Möbelstück gehen kann. Woodstripper sind ebenso robust wie andere Laminatboote, bieten aber durch den lebendigen Werkstoff Holz das besondere Etwas.

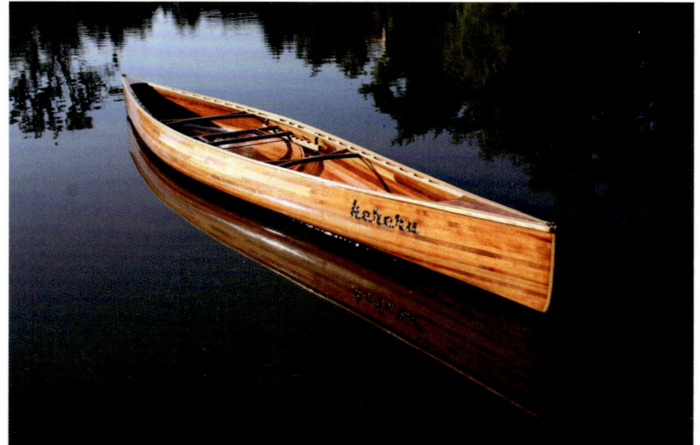

Ein Woodstripper aus der Werkstatt von 💻 www.kanuga.de (fb)

Stitch-and-Glue: Vorgefertigte und zugeschnittene Sperrholzplatten werden mit Kupferdraht „vernäht" und mit Harz und Gewebe „verklebt" - daher der Name. Ein einfacher Selbstbau ist möglich, wenn man gute und ausgeklügelte Baupläne hat. Beschränkte Formenvielfalt, alle Boote werden zu einer Art „Knickspanter".

Skin-on-Frame ist der Versuch, die traditionelle Bauweise von Grönlandkajaks in den Kanadierbau zu integrieren. Hier werden Gerüste aus Holzleisten oder Alurohren mit einem wasserdichten Tuch überspannt.

Besonderheit und bewährte Variante davon sind die heute verbreiteten **Faltkanadier**. Gleiches Prinzip, nur sind Haut und Gerüst trennbar, das Gerüst darüber hinaus noch zerlegbar. Kleines Packmaß, einfacher Transport, volle Einsatztauglichkeit.

Paddel

Neben dem Boot ist ein geeignetes Paddel das zweite unabdingbare Ausrüstungsteil, es überträgt Erfahrung und Kraft des Paddlers ans Wasser und bestimmt Richtung und Aktion des Bootes. Wie bei anderer Ausrüstung auch, muss das Traumpaddel zunächst definiert, dann gefunden und schließlich getestet werden. So richtig lernst du die Eigenschaften eines guten Paddels aber erst kennen, wenn du es mal über viele Kilometer geschwungen, dir den Knauf mit etwas Sandpapier optimiert und kleine Kratzer und Schäden mit Bootslack oder Kleber ausgebessert hast.

Je klarer und genauer Einsatzzweck und verwendeter Bootstyp im Vorfeld festgelegt werden, desto einfacher wird ein individuell passendes Stechpaddel zu finden sein. Als Einsteiger greifst du vielleicht eher zu den preiswerteren Modellen; im Laufe der Zeit darf es auch mal ein teures Edelteil sein, das besser zu dir passt und den Paddelspaß verstärkt. Und es schadet nichts, zwei, drei oder viele Stechpaddel für die verschiedensten Einsatzbereiche zu haben.

Ein gutes Stechpaddel muss folgenden Kriterien entsprechen:

- ▷ So leicht wie möglich: denn das Paddel hält man auf Touren tagtäglich für lange Stunden in den Händen.
- ▷ So robust wie nötig: man muss sich drauf verlassen können, nicht nur im Wildwasser oder fernab der Zivilisation.
- ▷ Schließlich sind lange Lebensdauer, optisches Wohlgefallen, perfekter Griff und ein einfaches, unkompliziertes Handling entscheidend.

Tourenpaddel

Hochwertige Tourenpaddel sind meistens aus Holz, und das aus gutem Grund. Holz ist relativ leicht, warm in der Hand, gut zu verarbeiten und hat neben einem „natürlichen" Feeling auch eine materialbedingte angenehme Flexibilität. Ein hochwertiges Holzpaddel verhilft dazu, lange Paddeltage ohne schmerzende Gelenke und steife Muskeln hinter sich zu bringen. Auch deshalb sollte ein Tourenpaddel so leicht wie möglich und nur so robust wie nötig sein. Gewicht spart der Einsatz von verschiedenen Hölzern: Nadelhölzer im Schaft- und im allgemeinen Blattbereich, biegsame Harthölzer (meistens

Esche) an beanspruchten Kanten und Flexzonen. Alles sauber verleimt, gefräst, geschliffen und mit zähem Bootslack mehrfach geschützt.

Ganz wichtig bei Holzpaddeln ist eine Stoßkante am unteren Ende des Paddelblattes. Sie kann aus querverleimten Hartholzeinsätzen sein, in einer Alukante ausgebildet werden oder aus Urethan, einem harzähnlichen Kunststoff, bestehen. Für erhöhte Haltbarkeit kann die Kante das ganze Blatt umlaufen und eine Schicht Glasfaser auflaminiert sein.

Tourenpaddel aus Holz eignen sich besonders für lange Strecken (fb)

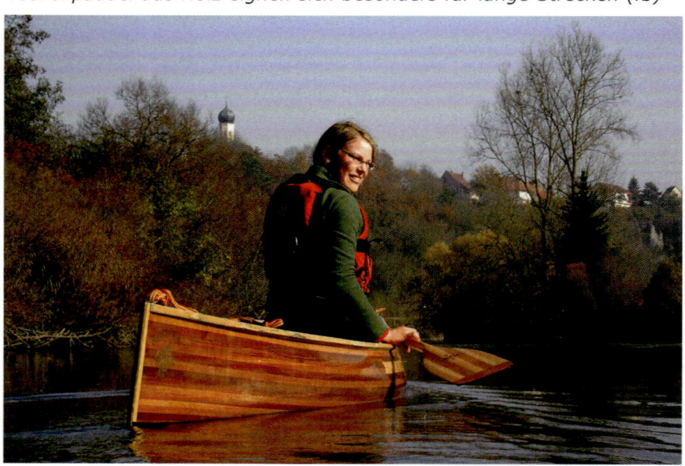

Wo wir gerade beim Paddelblatt sind: Für Seen und tiefe Gewässer bevorzugt man eher ein langes, schmales Blatt (z.B. in Otterschwanz-Form) mit möglichst viel Flex. Das ermöglicht kräftesparendes Paddeln in ungeahnten Dimensionen.

Universeller einsetzbar, vor allem auf Kleinflüssen oder in flacheren Gewässern, sind die Paddelblätter in einer kurzen Biberschwanz- oder eher rechteckigen Form, alle ungekehlt und ohne verstärkende Rippe. Kehlung und Rippe behindern viele Schlagkombinationen, z.B. das leise und elegante Zurückführen im Wasser. Darüber hinaus erschweren sie einen sauberen Catch durch unnötiges Spritzen und mit glucksenden Geräuschen.

Jetzt zum Schaft und zum Griff. Der Schaft, wie schon erwähnt, ist am besten mehrfach verleimt und darf nicht zu dick sein. Eine leichte Ovalisierung im Griffbereich verhilft zu angenehmerem Halten und erlaubt dennoch das Drehen in der Hand bei Steuerschlägen. Als Griff wird im Touringbereich meist ein nicht zu großer Palmgriff bevorzugt. Handschmeichlerisch abgerundet erlaubt er das leichte Drehen in der Hand und bietet zudem noch verschiedene Griffpositionen.

Bentshaftpaddel sind für den extensiven Touringeinsatz gedacht. Die stark tropfenförmigen Blätter stehen in einem Winkel zum kurzen Schaft und benötigen eine eigene Paddeltechnik: „Sit'n'switch" - siehe dazu das Kapitel ☞ Kanumarathon, S. 79. Um ein Bentshaft effektiv einzusetzen, braucht es, neben der richtigen Technik, viel Kondition und ein besonders leicht laufendes Boot, eventuell mit Schalensitz und Fußraste.

Wildwasserpaddel

Wer mit Vorliebe technische und enge Wildwasser befährt, sucht sich ein Paddel, das gegenüber Steinkontakten relativ robust ist. Das sind eher Paddel aus verschiedenen Kunststoffen. Schäfte sind aus Aluminium (schwerer) oder Glasfaserrohren. Für das Paddelblatt gibt es verschiedene Herstellungsvarianten, die sich im Preis, im Gewicht und in der Haltbarkeit unterscheiden. Manchmal werden die Ausgangsmaterialien in Hohlformen gespritzt, andere Paddelblätter werden aus harzgetränkten Gewebelagen zusammengepresst.

Das Blatt darf nicht zu lang und die unteren Ecken müssen gut abgerundet sein. Denn vor allem die untere Blattkante und hier besonders die dem Boot zugewandte Ecke ist bei der steilen Paddelführung im Kanadier extrem abriebgefährdet. Eine hohe Steifigkeit des Paddels verhilft zu genau berechenbaren Schlägen. Zu viel Flex im Material und man hat schwammige, verzögerte Reaktionen. Keine gute Idee, wenn es auf engen und verblockten Passagen auf exaktes Timing des Schlages und effizienten Krafteinsatz ankommt. Dennoch darf das Blatt harte Steinkontakte etwas abfedern, das schont die Gelenke.

Eine leichte Kehlung darf, ein T-Griff muss sein. Die Kehlung konzentriert den Druck auf das Blatt und nur mit einem T-Griff hat man das Paddel bei allen Manövern gut und sicher in der Hand. Außerdem erleichtert er die Ausrichtung des Paddels fürs Eskimotieren im Fall aller Fälle. Der T-Griff muss fest mit dem Schaft verbunden sein, gratlos glatt und gut in der Hand liegen. Ob man nun eine abgerundete Form bevorzugt oder die einfache, gerade aus einem meist hölzernen Querstück, ist Geschmackssache und sollte ausprobiert werden.

Auf wuchtigeren und tieferen Wildwassern oder bei ausschließlichem Park'n'play an Spielstellen darf es gerne ein längeres, gekehltes, eher rechteckiges Blatt sein, so wie es oft bei Wettkämpfen gefahren wird. Gerne auch in besonders leichter und steifer Laminat-Ausführung. Damit bekommt man großen Druck aufs Blatt, genau richtig für die modernen Moves um alle Achsen.

Wie lang soll mein Stechpaddel sein?

Wichtig für die Bestimmung der richtigen Paddellänge ist nicht die Gesamtlänge des Stechpaddels, sondern einzig und allein die Schaftlänge. Ein Ottertail-Paddel mit langem, schmalem Blatt kann bis zu 20 cm mehr Gesamtlänge haben wie ein „normales" Paddel, bei gleicher Schaftlänge! Oft werden Paddel auch viel zu lang verkauft. Lass dir kein Paddel aufschwatzen, das dir bis zur Schulter oder gar bis zum Kinn reicht. Um eine optimale Schaftlänge festzulegen, muss man aufs Wasser. Im Laden braucht man einen Meterstab zum Nachmessen, wenn man seine bevorzugte Schaftlänge kennt.

Abb. 6: Eine optimale Paddellänge hat man gewählt, wenn im Boot kniend das Paddelblatt ganz eingetaucht ist und der Knauf sich etwa auf Kinnhöhe befindet.

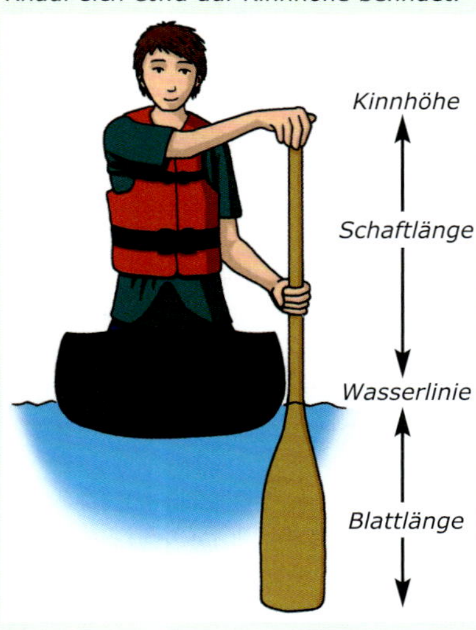

Wie lange soll denn jetzt der Schaft sein? Die richtige Schaftlänge richtet sich nach vielen Faktoren. Zum einen spielt natürlich die Körpergröße ein Rolle, aber auch der gepaddelte Bootstyp und die bevorzugte Sitzposition. Die Schaftlänge ermittelt man am besten auf dem Wasser im eigenen Boot. Das Paddelblatt soll gerade bis an den Hals eingetaucht sein, die Schafthand greift den senkrecht gehaltenen Schaft oberhalb des Süllrandes (paddler's box). Beide Arme gerade ausstrecken. Die Griffhand soll sich jetzt zwischen Schulter und Kinnhöhe des Paddlers befinden. Im Zweifelsfall lieber das etwas kürzere Paddel wählen. Vor allem für den Wildwassereinsatz, wo auch mal ohne große Verrenkungen im Übergriff gepaddelt werden muss. Ein Bentshaft ist meistens weitere 10 cm kürzer.

Ist eine Ermittlung auf dem Wasser im eigenen Boot nicht möglich, helfen folgende Faustregeln weiter:

Wenn vorrangig kniend gepaddelt wird: auf den Boden knien in etwa der Position, in der man später im Boot kniet. Das Paddel mit dem Knauf vor sich aufstellen, eine Hand umfasst den Schaft am Übergang zum Paddelblatt. Dieser Arm sollte jetzt ungefähr waagerecht ausgestreckt sein.

Wenn vorrangig sitzend gepaddelt wird: aufrecht auf einen Stuhl setzen. Das Paddel mit dem Knauf auf die Sitzfläche stellen, jetzt sollte sich der Hals des Paddels ungefähr auf Augenhöhe befinden.

Boot fitten

Jedes Boot sollte man sich den eigenen Vorlieben entsprechend anpassen und fitten.

Zunächst will man es beim Knien im Boot möglichst bequem haben. Die Vorderkante der Sitzbank sollte gut abgerundet sein, eine leichte Schrägstellung erhöht den Kniesitzkomfort beträchtlich. Entscheidend ist vor allem eine gute Kniematte aus geschlossenporigem Schaumstoff. Diese Matte (am besten eine spezielle Matte aus dem Kanufachhandel - z.B. 💻 www.kniematte.de - oder eine Evazote-Liegematte aus dem Outdoorladen, die man sich passend zuschneidet) sollte mindestens 10 mm dick und möglichst rutschfest sein.

Ich bin kein Freund von fest eingeklebten Kniepolstern im Tourenkanadier. Sie verhindern eine stetige Veränderung der Sitzposition. Allenfalls im Wildwasserkanadier mit Sattel und Auftriebskörpern sind Kniepolster eingeklebt.

An Bug und Heck sollte je eine Bootsleine angeknotet werden. Sie ist etwa bootslang und ermöglicht das Festbinden des Bootes an Steg und Ufer und dient als Rettungsseil im Falle eines Falles. Außerdem lassen sich hier Verlängerungen anknoten, um das Boot an manchen Stellen zu treideln. Auch beim Dachtransport dienen die Bootsleinen zur zusätzlichen Sicherung. Die Bootsleine sollte aus schwimmbarem Polypropylen-Seil bestehen und nicht zu dünn sein. Beim Paddeln sollte sie griffbereit, aber so sicher verstaut werden, dass sich der Paddler darin nicht verheddern kann.

Ist man häufig auf stark strömenden Flüssen oder weiten Wasserflächen unterwegs, sollte man über zusätzliche Auftriebskörper nachdenken. Im Falle einer Kenterung halten sie das Boot besser an der Wasseroberfläche. Dadurch lässt sich das Boot leichter bergen. Im Kanufachhandel gibt es extra für den Kanadierbereich großvolumige Luftsäcke, die sich leicht einbauen lassen.

Bei einer Gepäcktour übernehmen die wasserdichten Ausrüstungssäcke diese Aufgabe.

Bekleidung

Für den Einstieg ins Kanuwandern empfehle ich bequeme, robuste und schnell trocknende Sport- oder Outdoorkleidung. Jeans und Baumwollhemden haben nichts im Boot verloren. Sobald sie nass geworden sind, brauchen sie ewig lange, um zu trocknen. Das ist unkomfortabel und es wird schnell kalt. Allenfalls im Hochsommer kann ein feucht gehaltenes Baumwollhemd Kühlung verschaffen.

Vor Sonne schützen ein Hut mit breiter Krempe, langärmelige Hemden und regelmäßig aufgetragene, wasserfeste Sonnencreme.

Ich schwöre auf Unterwäsche aus Merinowolle, egal ob Sommer oder Winter. Wolle wärmt auch etwas feucht noch, es gibt sie in mehreren Qualitäten und Materialstärken. Auch Skiunterwäsche aus Kunstfaser eignet sich gut zum Paddeln. Je kühler die Witterung, desto mehr Lagen sollte man anziehen. Mehrere dünne Lagen wärmen besser als eine dicke Lage. Außerdem hat man so die Möglichkeit, sich durch An- oder Ausziehen einer Bekleidungsschicht an mehr oder weniger schweißtreibende Aktivitäten anzupassen.

Eine gute Regenhose (oder eine spezielle Trockenhose mit Füßlingen aus dem Kanufachhandel) und eine dichte Regen- oder Paddeljacke machen selbst Touren bei widrigen Bedingungen möglich.

Ein Satz Wechselwäsche sollte bei jeder Tour mitgenommen werden. So kann man sich im Falle einer Kenterung trockene Sachen anziehen und schützt sich somit vor einer Unterkühlung.

Auf längeren Touren muss zwischendurch gewaschen werden - der lange Tourenkanadier erweist beim Trocknen gute Dienste (fb)

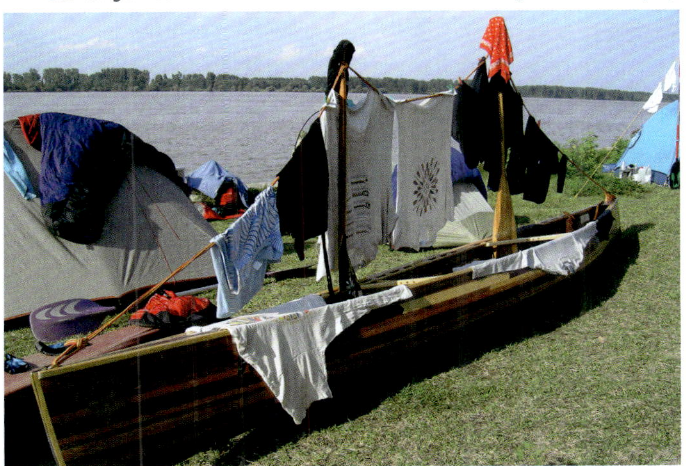

Wildwasser erfordert eine spezielle Bekleidung. Das fängt bei einem guten Neoprenanzug an und hört bei einem hochwertigen Trockenanzug noch lange nicht auf: Der Kanuhandel bietet unzählige Variationen, mit denen man auch kaltem Gebirgswasser komfortabel trotzen kann. Im Wildwasser ist auch ein Helm unverzichtbar.

Bei jeder Kanutour sollte eine Schwimmweste getragen werden. Die Schwimmweste sollte exakt passen und maximale Bewegungsfreiheit erlauben. Zur notwendigen Sicherheitsausrüstung gehören darüber hinaus ein Wurfsack, eine Trillerpfeife und ein wasserdicht verpacktes Erste-Hilfe-Set - auch bei Wandertouren.

Auf großer Fahrt

Je ausgedehnter und ausgesetzter das Revier wird und je länger die Tour sein soll, desto umfangreicher wird die Liste an notwendigen Ausrüstungsgegenständen. Obwohl der Kanadier als Gepäckboot konzipiert ist und selbst schwere Lasten leicht zugänglich in seinem Bauch aufnimmt, sollte man sich trotzdem gut überlegen, was mitgenommen werden soll und muss. Auf dem Wasser ist überflüssiges Gewicht zunächst nicht ganz so ausschlaggebend, aber spätestens an Land macht man es sich mit weniger Gewicht im wahrsten Sinne des Wortes leichter.

In einem schlauen Buch habe ich mal gelesen, dass man alles, was man mitnehmen möchte, zunächst auf einen großen Haufen legt. Aus diesem Haufen sucht man das heraus, was einem für die Tour wirklich wichtig ist. Wenn man es schafft, davon dann die Hälfte wirklich einzupacken und mitzunehmen, hat man ein leichtes Leben. Dies alles war zwar in Bezug auf das Wandern gesagt, für mich gilt das aber auch bei Kanutouren. Weniger ist mehr, und Dinge, die einen Doppelnutzen haben, sind das Nonplusultra.

Ich bin eigentlich kein Freund von Packlisten. Für diejenigen unter meinen Lesern, die noch nicht viel Outdoor-Erfahrung haben, ist eine solche Gepäckliste aber sicherlich hilfreich. Deswegen habe ich euch mal eine zusammengestellt, die für etwa eine Woche Wasserwandern reichen sollte. Natürlich sollte diese Packliste nicht stur verfolgt werden - zu unterschiedlich sind die Vorgaben durch spezielle Vorlieben, den benötigten Komfort und das zu bereisende Ziel.

Packliste

Kanu & Bootszubehör

- ☐ leicht laufender Tourenkanadier
- ☐ ein gerades Paddel und ein Bentshaft-Paddel (ich wechsele gern auf langen Touren und so hat man auch gleich an das Ersatzpaddel gedacht)
- ☐ Schwimmweste
- ☐ Kniematte
- ☐ Bootsleinen

- ☐ Wurfsack (eventuell als Treidelleine)
- ☐ Bootswagen (oder ansteckbares Tragejoch)
- ☐ Schwamm (eventuell Schöpfgefäß)
- ☐ wasserdichte Packsäcke (eventuell mit Rucksacktrageriemen)

Im Camp

- ☐ Zelt (möglichst frei stehend)
- ☐ Bodenplane oder Footprint
- ☐ Tarp (mit Stangen und extra Zeltleinen)
- ☐ Isomatte
- ☐ Schlafsack inklusive Seideninlett
- ☐ eventuell Fleecedecke
- ☐ Sitzgelegenheit
- ☐ Urlaubsschmöker

Für die Küche

- ☐ Kocher und Brennstoff
- ☐ Feuerzeug
- ☐ Topf mit Deckel
- ☐ Tasse
- ☐ Taschen- oder Fahrtenmesser
- ☐ Spork oder Foon (Gabel und Löffel in einem)
- ☐ Schneidebrettchen
- ☐ Küchenhandtuch (auch als Topflappen)
- ☐ Faltschüssel und Spülschwamm
- ☐ Wassersack oder –kanister
- ☐ eventuell Wasserfiltersystem
- ☐ wasserdichte Transportkiste oder Tonne für Küche und Lebensmittel
- ☐ große, robuste Müllsäcke
- ☐ Forstbeil und Klappsäge (wenn Lagerfeuer erlaubt sind)

Fürs Outdoor-Bad

- ☐ Toilettenpapier und Gartenschaufel
- ☐ Handtuch
- ☐ Zahnbürste und- pasta

- ☐ biologisch abbaubare Outdoorseife für alles (Körper, Haar, Geschirr, Wäsche)
- ☐ ein paar Wäscheklammern
- ☐ Sonnencreme (LSF 30+, wasserfest)
- ☐ Mückenschutz und Salbe gegen Juckreiz
- ☐ individuelle Medikamentenauswahl

🕮 Peters, Ulrike Katrin und Raab, Karsten-Thilo: **How to shit in the woods**, Conrad Stein Verlag, ISBN 978-3-86686-279-1, nützliche Tipps für die Outdoor-Toilette

Orientierung und Kommunikation

- ☐ Gewässerkarte und/oder Flussführer in wasserdichter Kartentasche
- ☐ Kompass
- ☐ Fernglas
- ☐ Taschenlampe
- ☐ eventuell GPS-Gerät mit Ersatzbatterien
- ☐ Mobiltelefon mit Ladegerät
- ☐ eventuell Solarpanel (abseits der Zivilisation)
- ☐ Sprachführer (bei Auslandsreisen)

Wertsachen

- ☐ Ausweis
- ☐ Geld (Landeswährung)
- ☐ Bankkarten (EC- oder Kreditkarte)
- ☐ Tagebuch oder Notizbuch, Stift
- ☐ Flug- oder Fährtickets
- ☐ Fahrzeugpapiere, eventuell grüne Versicherungskarte
- ☐ Krankenversicherungskarte und/oder Auslandskrankenversicherung mit Bestätigung

Bekleidung

- ☐ breitkrempiger Regen- und Sonnenhut
- ☐ Buff (individuelle Kopfbedeckung, Halstuch, etc. in einem)
- ☐ Unterwäsche aus Kunstfaser oder Merinowolle

- ☐ Kunstfaserhemd (helle Farbe, lange Ärmel als Sonnenschutz)
- ☐ Fleecepullover (lieber zwei dünnere als ein dicker)
- ☐ Softshell- oder Windjacke
- ☐ Regenjacke
- ☐ lange Outdoor- oder Softshellhose, eventuell mit abzippbaren Beinen
- ☐ kurze Hose
- ☐ Regenhose
- ☐ Strümpfe
- ☐ Neoprenschuhe oder Wasserschuhe (Teva, Crocs, etc.)
- ☐ eventuell Wanderschuhe
- ☐ ein kompletter Satz Wechselwäsche inklusive Schuhe
- ☐ wenn's kalt wird: Mütze, Handschuhe, Schal, lange Unterwäsche

Je länger eine Tour geplant wird, desto häufiger muss mal gewaschen werden. Das ist auch platzsparender, als zu viel Kleidung mitzunehmen.

Für den Fall der Fälle

- ☐ Erste-Hilfe-Set
- ☐ Rettungsdecke
- ☐ Trillerpfeife
- ☐ Gewebeklebeband (gute Qualität)
- ☐ Multitool mit Zange, Schraubendreher, Messer etc.
- ☐ Schweizer Offiziersmesser mit Schere, Pinzette, Korkenzieher etc.
- ☐ Kabelbinder
- ☐ selbstklebende Nylonflicken (für Bekleidung, Schlafsack, Zelt)
- ☐ Reparaturset für Isomatten und/oder Auftriebskörper
- ☐ dünne Nylonschnur, Angelsehne, etc.
- ☐ Nähset mit Nadel und Faden

Sonstiges (je nach Vorlieben)

- ☐ Sonnenbrille
- ☐ eventuell Ersatzbrille
- ☐ Spielkarten
- ☐ komplette Angelausrüstung
- ☐ Fotoausrüstung mit genügend Speicherkarten, Ersatzakkus, Stativ

Wichtig ist vor allem das wasserdichte Verpacken. Wasserdichte Packsäcke, eventuell mit Rucksackriemen zum leichten Tragen, eignen sich vor allem für Zelt, Schlafsack, Kleidung und andere weiche Dinge. In Tonnen verpackt man die Küche, Lebensmittel, Werkzeug und Reparaturmaterialien. Auf Fotoapparat, nützliche Elektronik und Dokumente sollte besondere Rücksicht genommen werden: Tonnen, wasserdichte Koffer oder Packtaschen immer sorgfältig verschließen, die Dichtungen regelmäßig auf Fremdkörper untersuchen.

Je „wilder" die Gegend ist, die man mit seinem Boot aufsucht, desto mehr sollte man sich die amerikanische Nationalparkregel zu Herzen nehmen: „Take nothing but photos, leave nothing but footprints! - Nimm nichts mit außer Bilder, lass nichts zurück außer Fußabdrücke!"

Idylle auf der Müggelspree (mn)

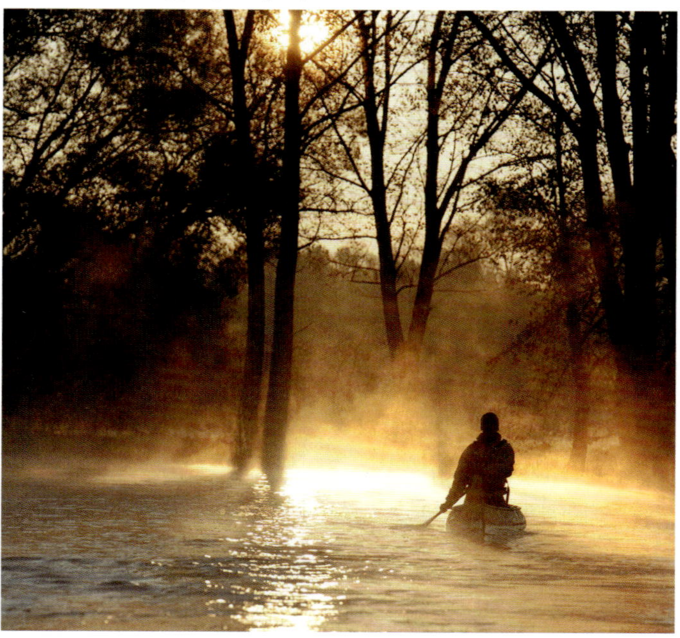

Ein guter Solo-Kanadier ...

... wiegt möglichst wenig.

Das Auf- und Abladen und zu Wasser lassen wird zum Kinderspiel, Portagen verlieren ihren Schrecken.

... hat gute Angriffspunkte.

Zum Heben und Tragen dienen Streben, Griffe und Süllrand. Ein Solo-Kanadier sollte sich logischerweise auch solo schultern lassen.

... bietet ausreichend Platz.

Fürs Gepäck, aber auch, damit man unterwegs mal seine Sitzposition wechseln kann.

... läuft leicht.

Das ist besonders wichtig in gemischten Paddelgruppen, damit man mit Kajaks und Zweiern mithalten kann und nicht zum Bremsklotz wird.

... bietet ausreichend Zuladung.

Bei Solo-Gepäcktouren braucht man fast ebenso viel Stauraum wie zu zweit.

... hat einen verstellbaren Sitz.

Dieser hilft beim Ausbalancieren des Trims, auch unterwegs bei wechselnden Bedingungen, z.B. bei aufkommendem Gegenwind.

... ist robust.

Wenn man sein Boot alleine bewegt, ist es leider nicht immer möglich, so richtig fürsorglich darauf aufzupassen.

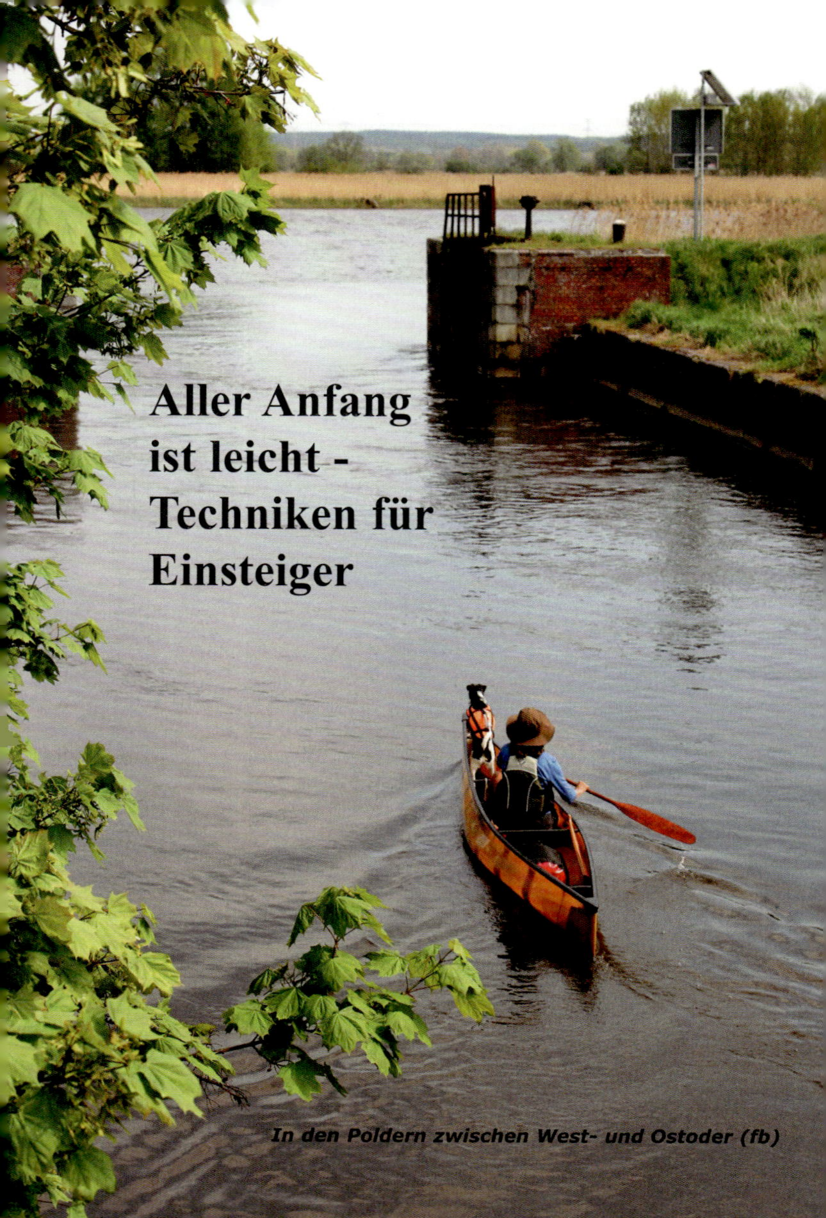

Aller Anfang ist leicht - Techniken für Einsteiger

In den Poldern zwischen West- und Ostoder (fb)

Eigentlich ist Kanufahren kinderleicht. Wer sich erst einmal getraut hat, in einem kleinen Boot Platz zu nehmen und die ersten etwas wackeligen Momente überstanden hat, merkt gleich, dass ein Boot weder sofort umkippt noch überaus schwer zu manövrieren ist. Nimm dir einen halben Tag Zeit, um mit Boot, Paddel und Wasser vertraut zu werden, übe die Grundtechniken auf einem ruhigen See oder lass dir am besten gleich alles von einem erfahrenen Paddler oder - besser noch - von einem ausgebildeten Kanulehrer zeigen (☞ Kanuschulen, S. 105).

Einsteigen/Aussteigen

Am sichersten steigt man mit der sogenannten Paddelbrücke ins Boot. Dazu legt man das Paddel mit dem Schaft quer über das Boot. Das Paddelblatt liegt auf dem Ufer auf. Man greift mit den Händen gleichzeitig Paddelschaft und beide Süllränder des Bootes, drückt mit dem ufernahen Arm nach unten und bekommt somit eine sehr kippstabile Plattform. Für den ersten Schritt ins Boot platziert man den Fuß in Bootsmitte. In einer flüssigen Bewegung holt man den zweiten Fuß nach und setzt sich gleich nieder. Der Trick ist, während der gesamten Prozedur das Gewicht auf der ufernahen Seite des Kanus zu halten. Zu dieser Seite kann das Boot ja nicht umkippen, da es durch das Paddelblatt am Ufer stabilisiert wird.

Das Aussteigen geschieht genau umgekehrt. Man paddelt das Boot parallel zum Ufer, bildet mit dem Paddel die Paddelbrücke und stabilisiert somit das Boot. Aufstehen, die Füße in Bootsmitte platzieren und das Gewicht leicht zum Ufer hin verlagern. Dann zuerst das ufernahe Bein aus dem Boot. Erst wenn man damit festen Halt hat, holt man das zweite Bein nach.

Die Paddelbrücke übst du am besten an einem Steg oder an einer Ufertreppe. Naturnahe Ufer können diese Methode erschweren oder unmöglich machen. Denk immer daran: Es ist keine Schande, beim Ein- und Aussteigen nasse Füße zu bekommen - beim Ein- und Aussteigen zu kentern schon.

Sitzen oder Knien

Der große Vorteil beim Kanadierpaddeln ist, dass man verschiedene Sitzpositionen einnehmen und diese auch während der Fahrt leicht verändern kann.

Auf langen Touren verändere ich meine Sitzhaltung ständig und beuge so Verkrampfungen vor. Dabei ist es jedoch erforderlich, mit möglichst vielen Körperpunkten einen Kontakt zum Boot zu halten, um zum einen beim Paddeln die Kraft möglichst verlustfrei aufs Boot übertragen zu können und zum anderen stets die Neigungen und Bewegungen des Bootsrumpfes zu spüren und zu kontrollieren.

Die traditionelle Sitzhaltung (und in Wildwasserbooten mit Sattelsitzen vorgegeben) ist der Kniesitz. Das erscheint zunächst sehr unbequem, ist aber mit einer guten Kniematte und eventuell einer gepolsterten Sitzkante angenehmer als oft vermutet. Die Knie sind weit gespreizt, mit dem Hinterteil lehnt man mehr an der Kante des Sitzes, als dass man drauf sitzt. Die Unterschenkel und Füße liegen flach auf dem Bootsboden. Mit etwas Eingewöhnung erlaubt der Kniesitz stundenlanges Paddeln und maximale Bootskontrolle, ohne eingeschlafene Füße oder schmerzende Gelenke. Durch den aufgerichteten Oberkörper mit geradem Rücken hat man größtmögliche Reichweite und optimale Beweglichkeit. Um die Knie mal zu entlasten, setzt man sich richtig auf die Sitzbank und hebt die Knie vom Bootsboden ab. So bleibt man schnell einsatzbereit und kann leicht in den richtigen Kniesitz vorrutschen, falls das Wasser etwas rauer wird.

Alternativ kann man auch das der Paddelseite gegenüberliegende Bein ausstrecken und nur auf dem anderen Bein knien. In dieser Haltung kann man kraftvoll paddeln, schränkt aber die Bewegungsmöglichkeit zur *offside* hin ein.

Beim richtigen Sitzen mit beiden Beinen nach vorne sieht man oft den Fehler, dass beide Füße eng zusammen auf dem Bootsboden aufgestellt sind und auch die Knie zusammengepresst werden. Das ist keine gute Sitzhaltung, weil man so zu wenig weit auseinanderliegende Kontaktpunkte zum Boot hat. Besser ist es, beide Beine nach vorne und seitlich auszustrecken, die Knie suchen den Kontakt mit dem Süllrand. Hilfreich ist hier auch eine Fußstütze (oder ein Gepäckstück) im Boot, an der (dem) die Füße nach vorne Halt finden.

Falls man einen Zweierkanadier alleine paddeln will, empfiehlt sich eine Sitzposition möglichst nahe der Bootsmitte. Symmetrische Rümpfe lassen sich problemlos „verkehrt herum" paddeln, also mit dem Heck voraus. Dann nutzt man die vordere Sitzbank. Breite Boote lassen sich am besten stark auf

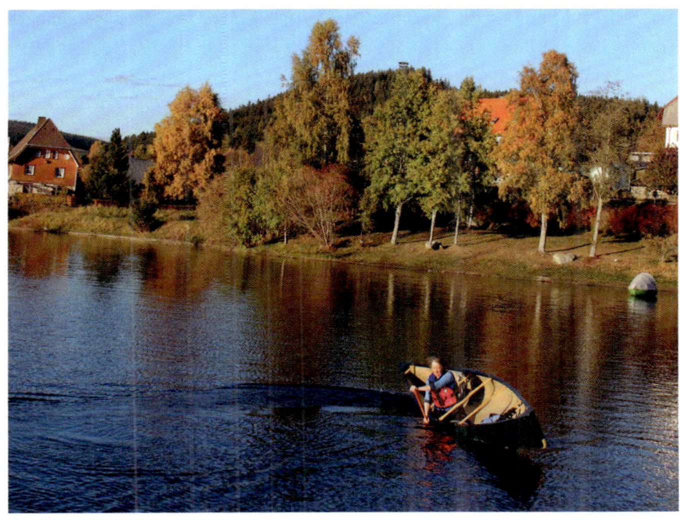

Solo im Zweierkanadier: Stark angekantet wird selbst ein langes Tandemkanu extrem wendig (fb)

eine Seite angekantet paddeln. Dazu kniet man sich in Bootsmitte in den Chine des Kanus. Ein wasserdichter Packsack, eng gestopft mit Wechselkleidung oder anderem Füllmaterial, bildet eine Art Sattelsitz, der diese Haltung auf Dauer erleichtert.

Grundlagen der Paddeltechnik

Die viel zitierte *paddler's box* ist ein imaginärer Bereich vor dem Körper des Paddlers, dessen Grenzen die Hände bei allen Paddelmanövern nicht verlassen sollen. Du sitzt im Kanadier, greifst das Paddel an Knauf und Schaft und hältst beide Arme etwa waagerecht auf Schulterhöhe vor dich. Die Rückseite der Paddelbox ist dein Rücken, die Seitenflächen werden von deinen Armen gebildet, die Oberkante liegt auf Stirn-, die Unterkante auf Süllrandhöhe. Die Tiefe der Kiste wird durch die Länge deiner Arme vorgegeben. Drehst du in dieser Haltung deinen Oberkörper in der Hüfte (Schultern und Arme bleiben

„fest"), dann dreht sich die *paddler's box* mit, sie bleibt immer vor deinem Körper. Um die Beweglichkeit zu überprüfen und zu trainieren, kannst du in dieser Haltung den Paddelschaft parallel zur Längsachse des Kanus bringen, nach links und nach rechts. Wie gesagt: nur mit der Drehung des Rumpfes aus der Hüfte heraus. Das ist unabdingbare Voraussetzung für die folgenden Paddelschläge.

Zum weiteren Verständnis gibt es im Kanadier *onside* und *offside*, übersetzt: die Paddelseite und die Gegenseite. Auch das Paddelblatt hat zwei Seiten. Die aktive davon „drückt" gegen das Wasser (sie zeigt z.B. beim Grundschlag nach hinten), die passive ist demnach die andere Seite.

Ganz wichtig und gültig für alle Paddelschläge: Das Paddelblatt bewegt sich nur in Relation zum Boot und zum Paddler. Eigentlich muss das Paddel im Wasser „verankert" werden und Boot und Paddler drehen sich um das Paddelblatt herum oder schieben sich daran vorbei. Nur so kannst du wirklich das Boot beschleunigen, abbremsen oder effektiv drehen. Natürlich beschreibt sich der Paddelschlag einfacher, wenn man ihn aus Paddlersicht beobachtet. Boot und Insasse sind die Fixpunkte, die Bewegung führt am Boot vorbei. Aber funktionieren würde das eben nicht, wenn man nicht die physikalischen Eigenschaften des Wassers (Widerstand am Paddelblatt, Auftrieb des Rumpfes und Verminderung der Reibung) ausnutzen könnte. Je weniger ein Paddelschlag spritzt und gluckert oder Verwirbelungen im Wasser hervorruft, desto wirkungsvoller ist er.

Fast allen Paddelschlägen (außer dem Bogenschlag und einigen Spezialtechniken) gemein ist der in der Kraftphase des Schlages senkrecht stehende Paddelschaft. Von allen Seiten aus gesehen sollte der Paddelschaft lotrecht aus dem Wasser hervorragen, die beiden Hände liegen möglichst genau übereinander. Außerdem solltest du immer darauf achten, das Paddelblatt ganz einzutauchen. Tust du das nicht, verlierst du viel an Effektivität, im schlimmsten Falle schaufelst du dir, vor allem bei Ziehschlägen, viel Wasser ins eigene Boot.

Bei jedem Paddelschlag solltest du den gesamten Oberkörper mit in die Bewegung einbeziehen. Nur aus den Armen heraus zu paddeln, ist weniger kraftvoll und auf Dauer ermüdender. Ziel ist eine harmonische Oberkörperdrehung bei jedem Schlag, denk an an die *paddler's box*.

Ein Paddelschlag gliedert sich in vier Phasen: erstens die Oberkörperdrehung, der *wind-up*. Die Schulter der Schafthand geht mit in Richtung des Einsetzpunktes. Dann kommt die Eintauchphase (*catch* im Fachjargon), die Verankerung des Paddelblattes im Wasser. Daran schließt sich die Kraftphase (*power phase*) an, die mit dem Ausheben des Paddels endet und letztlich kommt die Rückholbewegung (*recovery*), die das Paddel wieder zum Startpunkt zurückführt und den nächsten *wind-up* und *catch* möglich macht. Je runder, harmonischer und rhythmischer du diese vier Phasen aneinander reihst, desto kraftsparender, effektiver und schöner wird dein Ergebnis.

Schon bei den ersten Paddelschlägen kristallisiert sich bei jedem Paddler eine Schokoladenseite heraus. Das ist die Paddelseite, auf der die Paddelschläge leichter fallen, harmonischer und kraftvoller sind. Das ist okay so. Bei richtig ausgeführter Technik werden sowieso alle Muskeln aufwärts der Hüfte einbezogen. Es ist nicht zu befürchten, dass sich einseitige Belastungen ergeben. Dennoch sollte immer mal wieder mit dem Paddel auf der anderen Seite geübt werden, auch wenn es schwerfällt.

Legende (Abb. 7)

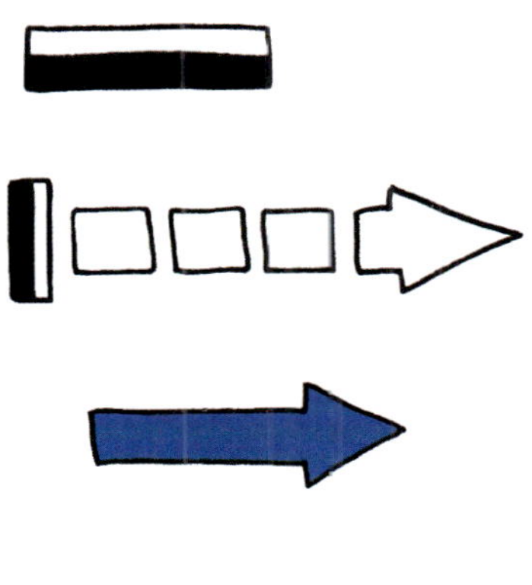

Paddel mit aktiver (weiß) und passiver (schwarz) Blattseite.

Der weiße Pfeil zeigt die Bewegungsrichtung des Paddels relativ zum Kanu.

Der blaue Pfeil zeigt die Bewegungsrichtung des Bootes.

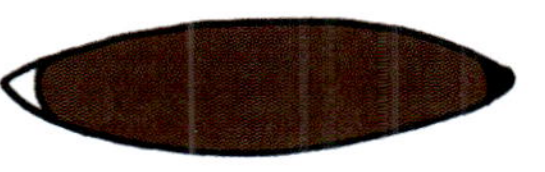

Im Kanu zeigt das schwarze Ende in Fahrtrichtung, das weiße Ende nach hinten.

Bogenschlag vorwärts und rückwärts

Wenn du deine ersten Paddelschläge machst, wirst du gleich feststellen, dass es leichter ist, das Boot zu drehen, als es geradeaus zu halten. Besonders gilt das für den Kanadier, da man ja nur auf einer Seite paddelt. Deswegen bleiben wir zunächst bei einem einfachen Paddelschlag, um diese Drehungen zu unterstützen: dem Bogenschlag. Er hat seinen Namen von der gedachten Bewegung des Paddels im Wasser in Bezug auf das Boot und den Paddler: einen großen Halbkreis.

Abb. 8: Beim Bogenschlag beschreibt das Paddel einen großen Halbkreis.

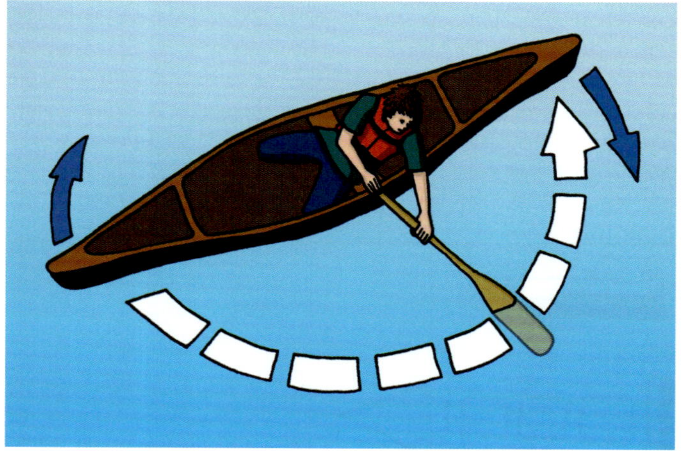

Der Bogenschlag vorwärts beginnt an der Bootsspitze und führt das Paddelblatt im großen Bogen vom Boot weg und nach hinten zum Heck. Dieser Bogenschlag vorwärts dreht die Bootsspitze von der Paddelseite weg. Das Gegenteil dazu ist der Bogenschlag rückwärts. Hier führt man das Paddelblatt von hinten im großen Bogen nach vorne: Das dreht die Bootsspitze zur Paddelseite hin. Bedenke: Der Bogenschlag vorwärts beinhaltet auch eine Beschleunigung des Bootes in Fahrtrichtung, der Bogenschlag rückwärts bremst. Und achte auf deine Rumpfdrehung dabei.

Vorwärtsschlag

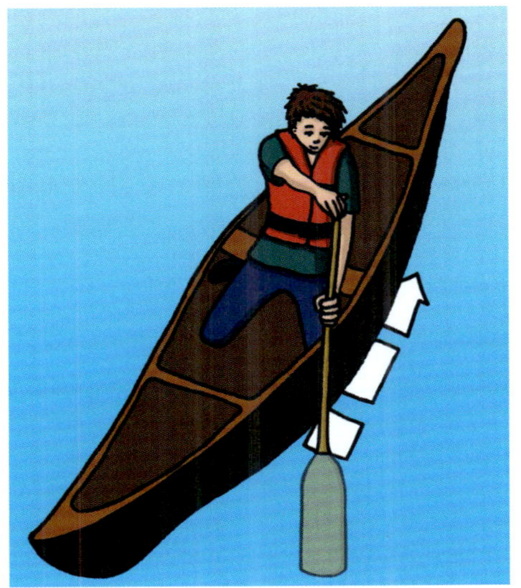

Abb. 9: Übe einen sauberen Grundschlag immer wieder, er ist der Schlüssel zum Erfolg.

Der Vorwärtsschlag, auch Grund- oder Treibschlag genannt, ist der wichtigste Paddelschlag im Solo-Kanadier. Er bringt das Kanu in Fahrt und hält es auf Geschwindigkeit. Bei langen Touren muss er den ganzen Tag durchgehalten werden. Nur mit einem möglichst optimalen Vorwärtsschlag schaffst du es, in gemischten Paddelgruppen mitzuhalten und nicht dauernd schnittigen Kajaks hinterherhecheln zu müssen. Im Wildwasser ist oftmals eine schnelle Beschleunigung auf möglichst kurzem Weg Garant für ein sicheres Befahren von Stromschnellen.

Sauber ausgeführt „verankert“ man das Paddelblatt im Wasser, hält es an dieser Position, als ob es in Beton gegossen sei, und zieht mit einer Kombination aus Armbewegung und Körperdrehung das Boot und sich selbst an die Position des verankerten Paddelblattes.

Einen optimalen, sauberen Vorwärtsschlag erkennt man am gänzlich fehlenden Spritzen und Platschen beim Eintauchen, minimaler Verwirbelung des Wassers in der Kraftphase und am möglichst leisen und ungehinderten Herausführen des Paddelblattes aus dem Wasser. Je weniger es spritzt, gurgelt, schwallt und platscht, desto effektiver ist die ganze Aktion. Selbst der Paddelprofi ist stets auf der Suche nach dem optimalen *catch*, beschäftigt sich damit sein Leben lang und nähert sich dem Optimum nur allmählich.

Weitere Punkte, die man beim Grundschlag beachten und immer wieder korrigieren sollte, sind: komplettes Eintauchen des Paddelblattes (dabei sollte sich die Knaufhand in etwa auf Augenhöhe befinden, die Schafthand auf Süllrandhöhe - dies setzt eine passende Paddellänge voraus). Schon erwähnt wurde die senkrechte Paddelführung mit geraden Armen und Drehung des Oberkörpers während der *power phase*. Auf dem Weg zum Optimum sind auch diejenigen, deren „Paddelweg" möglichst nah und möglichst parallel zur Längsachse des Kanus ausgerichtet ist. Die Kraftphase ist beendet, sobald die Schafthand die Position der Knie erreicht hat. Mit dem Ausheben des Paddels beginnt die Rückholphase und die erneute Suche nach dem effektivsten Paddelschlag.

Steuerschläge

Das schwierigste am Solo-Kanadier ist, ein Boot geradeaus zu halten. Durch jeden Grundschlag dreht sich die Bootsspitze von der Paddelseite weg. Um dies zu kompensieren, muss an beinahe jeden Vorwärtsschlag eine Steuerkomponente angehängt werden (Abb. 11). Steuerschläge gibt es viele, die wichtigsten für den Einsteiger sind der Heckhebel und der J-Schlag - sie unterscheiden sich im Einsatz der aktiven und passiven Paddelfläche. Die aktive Paddelfläche ist die Fläche, die beim Vorwärtsschlag nach hinten zeigt.

Abb. 10: Es gibt viele Variationen von Steuerschlägen.

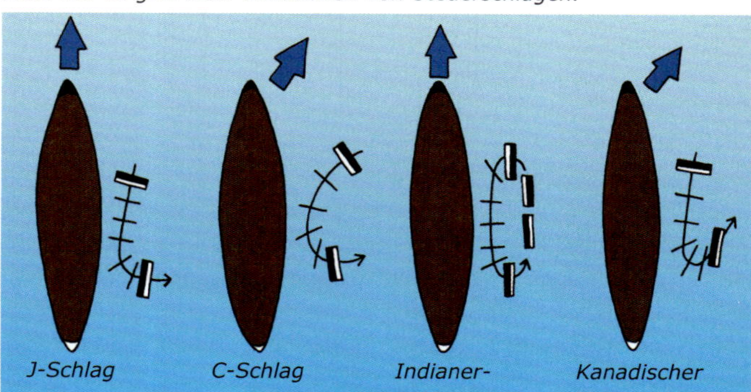

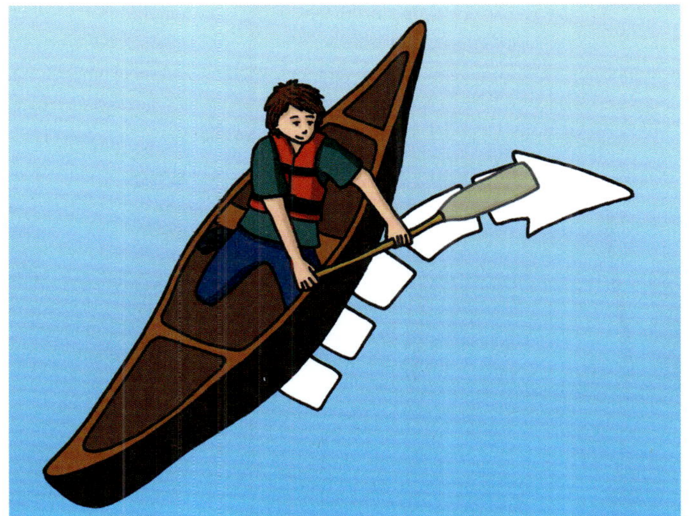

Abb. 11: Am Ende eines Grundschlages mit Steuerkomponente sollten sich die Hände maximal auf Hüfthöhe befinden, nicht dahinter.

Beim Heckhebel drehst du am Ende des Vorwärtsschlages, also wenn die Schafthand etwa die Höhe deiner Knie erreicht hat, die aktive Paddelfläche zum Boot hin und „hebelst" das Boot mit der passiven Paddelfläche zurück in die Spur.

Der elegantere und effektivere Steuerschlag ist jedoch der J-Schlag (Abb. 10). Hier drehst du am Schlagende die aktive Paddelseite nach außen und vom Boot weg. Der (gedachte!) Weg des Paddels beschreibt ein J. Es ist eine runde, harmonische und flüssige Bewegung aus einem Guss.

Am einfachsten lässt sich das am „Indikator-Daumen" beobachten. Streck den Daumen der Knaufhand aus. Wenn dein Daumen am Ende des Steuerschlages nach oben zeigt, paddelst du mit dem Heckhebel. Zeigt dein Daumen nach vorne unten, ist das der J-Schlag.

Meistgesehener Fehler, vor allem beim Heckhebel, ist, dass mit einer Bewegung nicht nur nach außen korrigiert wird, sondern nach vorne außen, also mit einer Art Bogenschlag rückwärts. Das bremst das Boot nach jedem

Treibschlag wieder ab. Es ist, als ob man drei Schritte vor und zwei zurück macht. Auch hier kommt man vorwärts, aber von Effektivität ist nicht viel zu sehen. Halte dein Paddelblatt am Ende des Schlages senkrecht im Wasser, sodass es wie ein richtiges Steuer am Boot kaum Wasserwiderstand bildet. Dann drückst du das Paddelblatt vom Boot weg. Voilá.

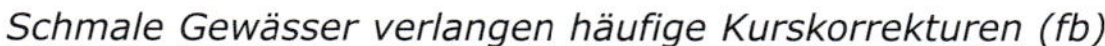
Schmale Gewässer verlangen häufige Kurskorrekturen (fb)

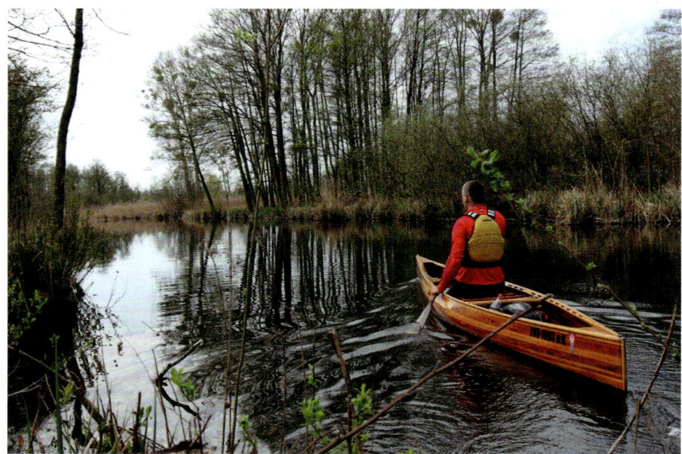

Profi-Tipp: *Inner Circle*

Vor allem beim Vorwärtspaddeln in einem kurzen, wendigen Solo-Kanadier hast du sicher schon bemerkt, dass es immer schwerer wird, das Boot zurück in die Spur zu zwingen, wenn es sich erst einmal aus der geraden Richtung bewegt hat. Diese Tendenz kann man sich beim *„paddling against the arc"* - dem Paddeln gegen den Kreisbogen - zunutze machen.

Starte mit einem übergegriffenen Vorwärtsschlag und einem zweiten Schlag *onside* mit einem kleinen Ziehschlag zu Anfang und einer deutlichen Korrektur am Ende, dem sogenannten C-Schlag (Abb. 10, S. 52). Dies bringt das Kanu in Fahrt und es dreht sich zur Arbeitsseite. Der nächste Vorwärtsschlag schafft es nicht, diese Drehung ganz zu kompensieren, der Widerstand der mit den ersten Schlägen eingeleiteten Drehung ist zu groß.

Bei den nächsten Vorwärtsschlägen dosierst du die Kraft so, dass das Boot weiterhin eine Drehung zur *onside* vollführen will, du das Boot mit den Vorwärtsschläger aber auf gerader Linie hältst. Je schneller das Boot bei den ersten Schlägen beschleunigt wird, desto besser gelingt die Übung.

Die große Kunst ist dann der *Inner Circle*: Man paddelt einen Kreis, führt dabei das Paddel aber ohne Steuerschläge entgegen aller Logik nur auf der Innenseite des Kreises. Richtig getimed und dosiert kann man den Radius des Kreises nur durch Vorwärtsschläge und leichtes Ankanten des Bootes verändern. Machst Du den Radius des Kreises tendenziell „unendlich" groß, fährst du ohne Steuerschläge auf dem gestreckten Kreisbogen „geradeaus". Üben! Das geht wirklich - auch *offside*.

Paddelstütze

„Wasser hat keine Balken", dieses Sprichwort erfährt der aktive Kanute jeden Tag aufs Neue. Um im mehr oder weniger kippeligen Boot gegenüber den von allen Seiten heranstürmenden Wogen gewappnet zu sein, möchte ich dir die flache Paddelstütze mit auf den Weg geben. Die flache Paddelstütze funktioniert wie ein Ausleger, der dein Kanu stabilisiert und dich in den meisten Fällen vor einer Kenterung bewahrt (Abb. 12, S. 56).

Als rettenden Ausleger verwendest du dein Paddel, das du im rechten Winkel von der Kanulängsachse und mit der flachen Paddelseite auf die Wasseroberfläche legst. Nimm hierzu die passive Paddelseite. Der Handrücken der Knaufhand zeigt nach unten, sie bleibt körpernah direkt vor dem Bauch. Das Gelenk der Schafthand und der Unterarm stehen möglichst senkrecht über dem Paddelschaft. Dieser liegt in einem flachen Winkel fast parallel zur Wasseroberfläche. Jetzt kannst du zur Paddelseite hin ankanten. Vorm Umkippen bewahrst du dich, wenn du kräftig mit der Schafthand nach unten drückst und dabei das Kanu mit den Knien und einer Hüftbewegung zurück drehst. Hat dein Kanu eine Eigengeschwindigkeit gegenüber dem Wasser, hebst du die zum anströmenden Wasser zeigende Paddelkante etwas an. Damit verhinderst du ein Unterschneiden des Paddels: Das Paddelblatt gleitet wie ein geschickt geworfener flacher Stein über das Wasser, anstatt abzutauchen. Je stärker das Boot kippt, desto besser ist es, wenn du den Kopf und den Oberkörper möglichst tief über den Paddelschaft bringst.

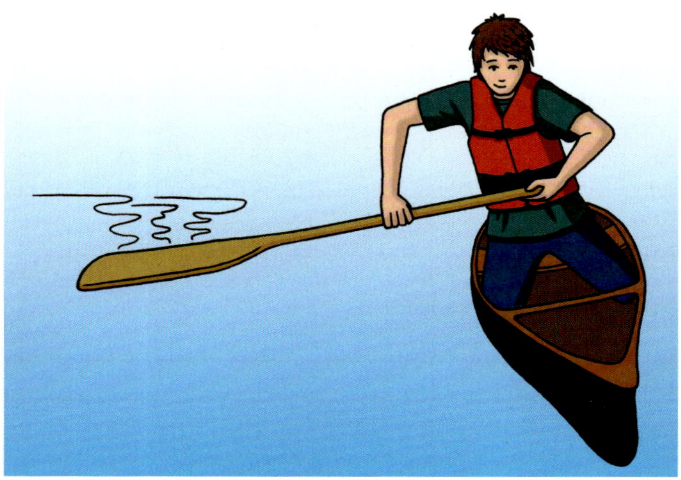

Abb. 12: Die flache Paddelstütze ist oft Retter in der Not, solange das Boot zur onside hin kippen will.

Eine gut ausgeführte flache Paddelstütze hindert den Kanadier sicher vor dem Umkippen, solange das Boot zur Paddelseite hin kippt. Kippt das Boot zur *offside*, hilft sie nicht. In diesem Fall hoffe ich, dass du dein Boot mit Auftriebskörpern unsinkbar gemacht hast und eine Schwimmweste trägst.

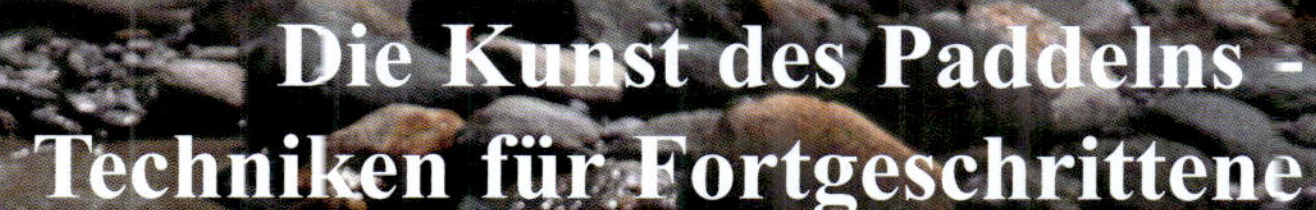

Die Kunst des Paddelns - Techniken für Fortgeschrittene

Übergegriffener Ziehschlag beim Ausschlingen aus einem Offside-Kehrwasser (fb)

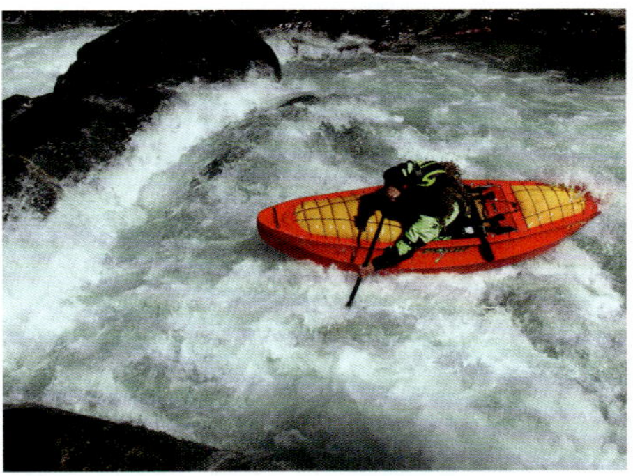

Besonders im Wildwasser sind präzise Paddelschläge gefordert (fb)

Die wahre Kunst des Paddelns besteht darin, für jede Situation den bestmöglichen Schlag anzuwenden und oft Paddelschläge harmonisch miteinander zu verbinden - meist ohne das Paddelblatt aus dem Wasser zu heben. Wenn letztlich alle Schläge mit einer Präzision, Leichtheit und Eleganz ausgeführt werden, erscheint das Paddeln im Solo-Kanadier wie ein Tanz mit Wasser, Wind und Wellen. Es gibt unzählige Paddelschläge, die im Solo-Kanadier angewendet und kombiniert werden können und mit denen man sich ein Paddlerleben lang beschäftigen kann. Auch in diesem Buch können nicht alle Möglichkeiten vorgestellt und beschrieben werden.

So wird das Paddeln selbst nach vielen Jahren nie langweilig - immer wieder gibt es Neues zu entdecken, zu lernen und zu perfektionieren. Außerdem sparst du mit dem richtigen Schlag am richtigen Platz viel an Kraft und erhöhst deine Effizienz und Ausdauer für lange Stunden auf dem Wasser. Ich wünsche viel Spaß dabei!

Übergreifen

Übergreifen nennt man die Technik, das Paddel ohne die Hände zu wechseln auf die andere Bootsseite und dort für Paddelmanöver ins Wasser zu bringen. Übergreifen macht nur in schlanken Booten Sinn. Schlüssel für ein erfolgreiches Übergreifen ist die Beweglichkeit in der Hüfte. Denk an die *paddler's box*, dreh den Oberkörper mit und lass deine Arme und Hände in der imaginären Kiste. Im Übergriff lassen sich Vorwärtsschläge paddeln, mit am häufigsten kommt aber der Ziehschlag nach vorne zum Bug hin zur Kurskorrektur im Übergriff vor (Abb. 13).

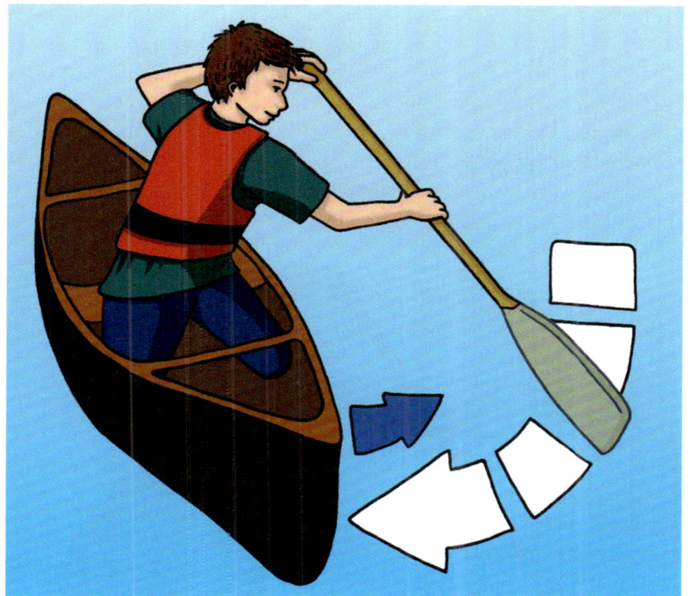

Abb. 13: Der Ziehschlag zum Bug hin ist der häufigste Paddelschlag im Übergriff.

Ziehschläge statisch und dynamisch

Der Ziehschlag dient zum seitlichen, parallelen Versetzen des Bootes, etwa um einem Hindernis auszuweichen oder um an einen Steg oder ans Ufer zu kommen. Den Ziehschlag gibt es als statischen Schlag: Hier braucht das Boot gegenüber dem Wasser eine abweichende Geschwindigkeit, damit dieser Schlag überhaupt eine Wirkung zeigt. Der dynamische Ziehschlag ist eine Bewegung des Paddels zum Boot hin (Abb. 14, S. 60).

Zurück zum **statischen Ziehschlag**: Grundhaltung *paddler's box* (siehe ☞ Grundlagen der Paddeltechnik S. 47). Dreh mit gerade nach vorne ausgestreckten Armen den Oberkörper zur Paddelseite, sodass das Paddelblatt nach hinten zeigt. Sobald deine Knaufhand über den *onside*-Süllrand gewandert ist, drehst du den Paddelschaft in die senkrechte Lage, ohne die Knaufhand weit von dieser Position wegzubewegen. Um das Gefühl für einen senkrechten Paddelschaft zu bekommen, kann man für Übungszwecke auch mal die Schafthand loslassen. Den Knauf weiter im Griff, dreht das Gewicht des Paddelblattes das gesamte Paddel in die Senkrechte. Dann mit der Schafthand wieder zugreifen, die Arme bleiben gerade, beide Hände befinden sich in einer Linie übereinander.

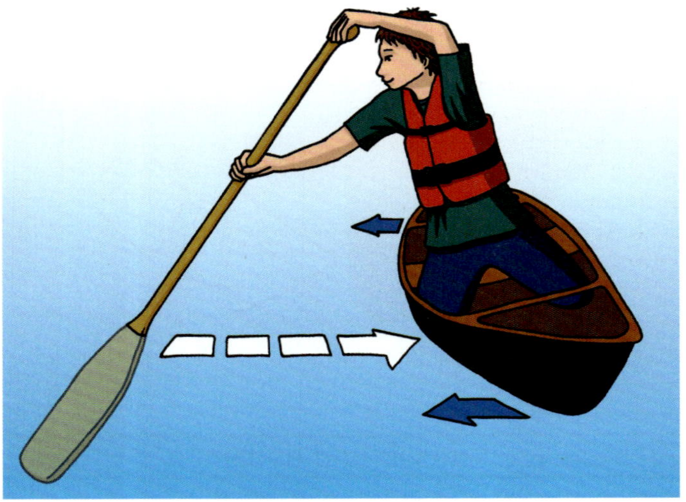

Abb. 14: Zum seitlichen Versetzen des Bootes nimmst du den Ziehschlag.

Solange das komplett eingetauchte Paddelblatt genau parallel zur Längsachse des Bootes ausgerichtet ist und eine Strömung an Boot und Paddel entlang strömt, passiert zunächst gar nichts. Es „schneidet“ mit minimalem Widerstand durchs Wasser. Sobald du aber die vordere, angeströmte, Kante leicht um die Achse des senkrecht gehaltenen Paddelschaftes weg vom Boot drehst, strömt das Wasser auch etwas gegen die aktive Paddelfläche (die, die dem Boot zugewendet ist). Jetzt erfährt das Paddelblatt einen Druck, der es vom Boot wegzuschieben versucht. Weil du das Paddel festhältst, überträgst du diese Kraft auf das Boot: Es gleitet seitwärts zur Seite des Paddelblattes.

Die übergegriffene Version des statischen Ziehschlags liegt auf der *offside*. Er sieht zunächst kompliziert aus, dennoch ist diese „Verrenkung" mit den oben genannten Grundlagen leicht auch ohne Gummigelenke möglich, das Zauberwort heißt wieder *paddler's box*. Grundstellung: Halte das Paddel waagerecht auf Schulterhöhe vor dich. Dann die Drehung des Oberkörpers in der Hüfte auf die Gegenseite, das Paddelblatt wandert zur Spitze des Bootes. Weiterdrehen, da geht noch was, der Paddelschaft sollte parallel zur Längsachse des Bootes liegen.

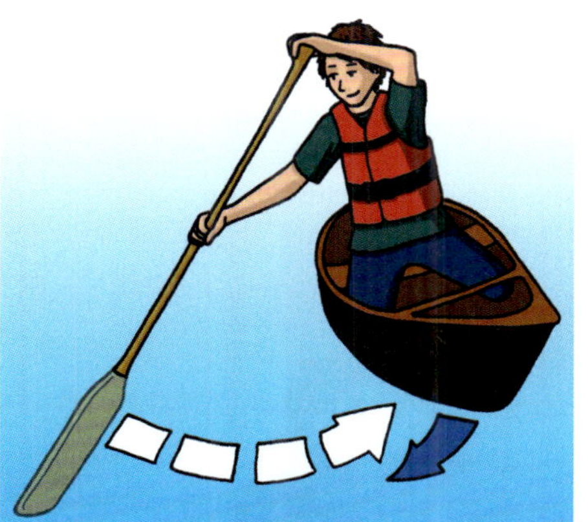

Abb. 15: Ein Ziehschlag nach vorne zum Bug hin dreht die Bootsspitze zur Paddelseite.

Es hilft, das *offside*-Knie etwas mehr, das *onside*-Knie etwas weniger zu belasten und auch den Unterkörper etwas zur *offside* mitzudrehen, ohne aber den Schwerpunkt im Boot zu ändern. Wenn du das Paddel dann erfolgreich auf der Gegenseite hast, drehst du es in die Senkrechte (auch hier zu Übungszwecken mal Paddelschaft loslassen) und tauchst das Blatt parallel zur Längsachse ins Wasser. Der Schlag sollte etwa auf Kniehöhe platziert sein. Dann ist es wie beim „normalen" Ziehschlag: Dreh die angeströmte Kante vom Körper weg, schon bewegt sich das Boot zum Paddel hin.

Bei beiden statischen Ziehschlägen kontrolliert die Knaufhand den Effekt, die Schafthand überträgt die erzielten Kräfte auf das Boot. Beide statischen Ziehschläge funktionieren nur, wenn Wasser von vorne nach hinten am Boot entlang strömt.

Beim **dynamischen Ziehschlag** beginnt das Spiel ebenfalls mit der Grundhaltung: Rumpf drehen, Paddel parallel zur Längsachse und dann in die Senkrechte bringen. Durch leichten Zug mit der Knaufhand kann man das Paddelblatt jetzt möglichst weit entfernt vom Boot eintauchen und mit Druck oben und Zug am Schaft das Boot seitlich zum Paddel hinbewegen (Abb. 15, S. 61). Dasselbe funktioniert auch *offside* im Übergriff.

Vorsicht: Das Paddelblatt nicht zu weit ans Boot oder gar unters Boot bringen, denn dann hebelt man sich leicht selbst ins Wasser. Am einfachsten drehst du das Paddelblatt etwa eine Handbreit vor dem Rumpf um 90 Grad, schiebst es ohne Widerstand wieder nach außen und kannst gleich einen weiteren dynamischen Ziehschlag ansetzen.

Hebelschläge statisch und dynamisch

Genau das Gegenteil des Ziehschlags ist der Hebelschlag. Auch hier gibt es die statische und die dynamische Variante, ebenso *onside* und *offside*. Beim statischen Hebel drehst du die angeströmte Kante des Paddelblatts leicht zum Boot, die dem Boot abgewandte Seite des Paddels wird „aktiv“ und drückt das Boot weg von der Paddelseite.

Abb. 16: Mit dem Hebelschlag drückst du das Kanu weg von der Paddelseite.

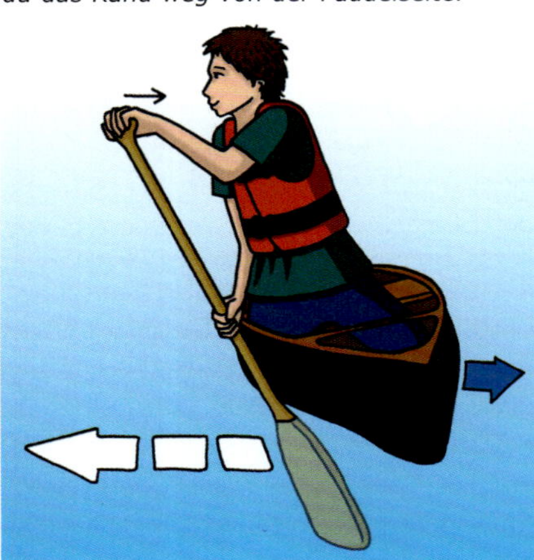

Beim dynamischen Hebel beginnt der Schlag nahe beim Boot und mit gleichzeitigem Zug mit der Knaufhand und Druck mit dem Schaftarm kannst du das Boot seitlich versetzen.

Beim Hebel empfiehlt es sich, den Paddelschaft am Süllrand anzulegen und leicht mit der Schafthand zu fixieren. Dann hast du einen echten Hebel mit Widerlager.

Rückwärtspaddeln (*reverse-J, compound*)

Rückwärtspaddeln brauchst du nicht nur zum Bremsen, manchmal muss man auch rückwärts zielgenau und effektiv einen Punkt ansteuern. Dabei hilft der *reverse-J*, also der umgedrehte J-Schlag. Er beginnt mit einem Rückwärtsschlag, der auf Körperhöhe eingesetzt und nach vorne geführt wird. Kurz bevor die Arme zu kurz werden, drehst du den Indikatordaumen der Knaufhand nach hinten unten und drückst das Paddelblatt nach außen zur Kurskorrektur.

Noch effektiver zur Rückwärtsbeschleunigung ist der *compound*-Schlag. Das Paddelblatt wird möglichst weit hinter dem Körper eingesetzt (Achtung: extreme Körperdrehung, um die Hände nur minimal aus der *paddler's box* zu bewegen!), die aktive Paddelseite zeigt zum Paddler. Körperdrehung auflösen, das Paddelblatt heranziehen. Ist das Paddelblatt auf Körperhöhe, musst du es blitzschnell um 180 Grad drehen (die aktive Paddelseite wechselt!), um an diesen ersten Teil des Schlages einen reverse-J anzuhängen. Daher kommt der Name: *compound* bedeutet „zusammengesetzt" - aber auch „kompliziert".

Bootstrim

Der Trim eines Bootes bezeichnet die Lage des Rumpfes im Wasser entlang der Kiellinie. Man kann hecklastig trimmen, indem man die Sitzposition oder das Gepäck in den hinteren Teil des Bootes verschiebt. Dann hebt sich der Bug etwas weiter aus dem Wasser, das Boot lässt sich leichter drehen und manövrieren. Ebenso läuft es trockener durch Wellen.

Ich empfehle, immer eine leichte Hecklastigkeit einzustellen. Hier handelt es sich aber nur um wenige Zentimeter, die das Heck weiter eingetaucht ist als der Bug.

Ein buglastiger Trim empfiehlt sich nur bei starkem Gegenwind. Dann verhält sich das Boot wie eine Wetterfahne, die am Bug aufgehängt ist. Der Wind hält das Boot in der Spur. Das funktioniert aber nur, wenn der Wind ziemlich genau von vorne kommt.

Bei Wind von schräg vorne kann man durch einen optimal eingestellten Trim oft erreichen, dass man nur auf einer Seite vorwärts paddeln muss und der Wind einen trotzdem mehr oder weniger in der Spur hält. Ausprobieren!

Bei solch ruhigen Bedingungen wie hier vor Heidelberg empfielt sich ein ausgeglichener Trim (fb)

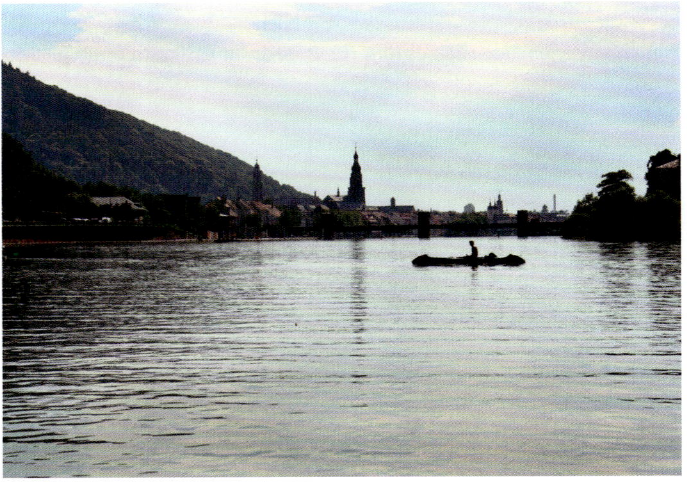

Profi-Tipp: Das Wriggen in alle Richtungen

Das Wriggen ist eine weitere Art, ein Kanu seitlich und parallel zur Längsachse zu versetzen. Durch eine ständige Paddelbewegung in Form einer liegenden Acht ist es effektiver (aber auch komplizierter) als Zieh- und Hebelschläge.

Anfangsposition: wie beim Ziehschlag das Paddel auf Körperhöhe seitlich am Boot mit möglichst geraden Armen und senkrecht ins Wasser eintauchen. Achte auf die Oberkörperdrehung mit Schultern parallel zur Bootslängsachse. Führ nun das Paddelblatt in einer länglichen Acht von vorne nach hinten und wieder zurück. Dreh jeweils die führende Kante des Paddelblatts leicht weg vom Boot (Achtung: Die führende Kante wechselt bei der Vorwärts- zur Rückwärtsbewegung). Das Boot bewegt sich seitwärts zur Paddelseite hin.

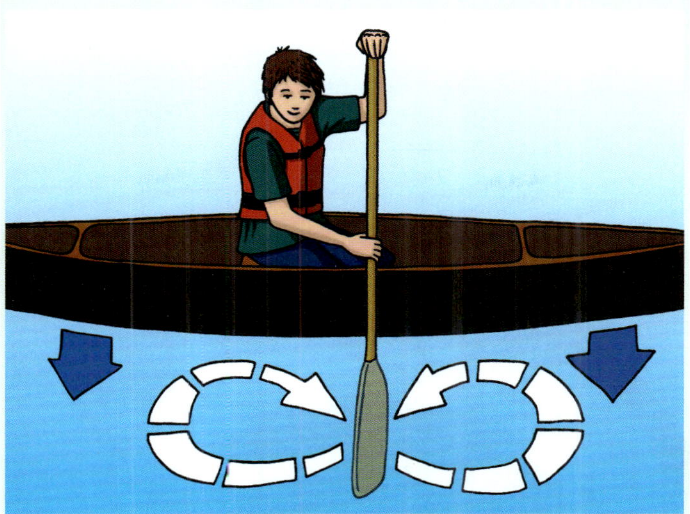

Abb. 17: Das Wriggen ist eine sehr komplexe Paddeltechnik – ruhige und definierte Paddelbewegungen sind der Schlüssel zum Erfolg.

Das geht natürlich auch *offside*, indem du übergreifst. So kannst du dein Boot elegant nach links und rechts versetzen. Je ruhiger und konzentrierter die Paddelbewegung ausgeführt wird, desto effektiver ist sie.

Komplizierter wird das Wriggen weg von der Paddelseite. Hier zeigt die jeweils führende Paddelkante leicht zum Boot hin. Durch Hin- und Herrühren bewegt sich das Boot von der Paddelseite weg. Beherrschst du das Wriggen von der Paddelseite weg auch übergegriffen?

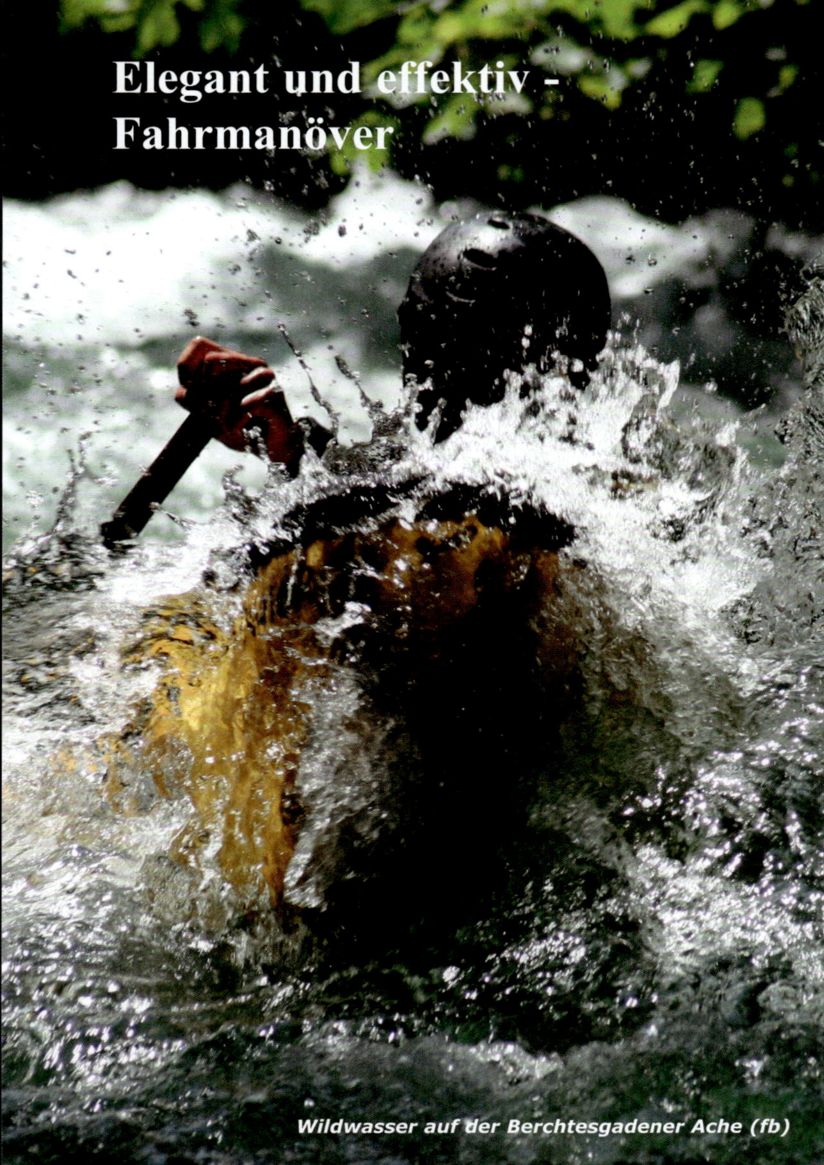

Elegant und effektiv - Fahrmanöver

Wildwasser auf der Berchtesgadener Ache (fb)

Mit den richtigen Fahrmanövern passt man die Bootsbewegungen an die vorgegebene Fahrtroute an. Beherrschst du die Situation, setzst du die richtigen Paddelschläge zur richtigen Zeit und optimal dosiert ein, kannst du leicht Hindernissen ausweichen und sicher den Hafen erreichen.

Bei den meisten Fahrmanövern im Solo-Kanadier sind selten isolierte Paddelschläge die effektivsten. Das Schöne am Solo-Kanadier ist, dass sich die oben beschriebenen Paddelschläge zu harmonischen Schlagkombinationen zusammensetzen lassen. Wer oft paddelt, viel übt und gerne auch mal über den Tellerrand hinausschaut (siehe ☞ Mit mehr Spaß unterwegs, S. 78), lernt solche Kombinationen wirkungsvoll und elegant einzusetzen. Das ist dann die wirklich hohe Schule des Kanadierfahrens.

Alle Fahrmanöver kann man in vier Phasen einteilen. Diese sind *Aufgabe, Aktion, Reaktion* und *Spaß haben.*

Umtragen und Treideln

Bevor du an irgendwelche Fahrmanöver denken kannst, liegt das Boot noch an Land. Es muss also zunächst einmal ins Wasser gebracht werden. Üblicherweise bist du mit dem Auto angekommen und hast das Kanu auf dem Dachträger mitgebracht. Einen Solo-Kanadier sollte man alleine auf- und abladen können. Hier ist natürlich jedes Kilogramm weniger an Eigengewicht des Kanus von Vorteil.

Umtragen

Auf Fließgewässern stellen sich oft Hindernisse in den Weg: Sei es ein von Menschenhand gebautes Wehr, eine zu schwere Stromschnelle oder ein querliegender Baum. Das Boot komfortabel und über längere Strecken auch mal tragen zu können, ist in der Zivilisation fast überall Bedingung. Wenn du Portagen nicht scheust, kannst du in der Wildnis in Ecken vordringen, die abseits von den Hauptrouten liegen und somit ein noch intensiveres Erleben des Abenteuers erlauben.

Ein Kanu trägt man am besten mit der Öffnung nach unten über dem Kopf. Im Tandemkanadier ist oft in der Bootsmitte ein sogenanntes Tragejoch angebracht. Das legt man quer über die Schulter, mit ausgestreckten Armen balanciert man das Boot aus. Mit dieser Technik sind selbst schwerere Kanus an Land leicht zu tragen und zu manövrieren. Im Solo-Kanadier fehlt dieses Tragejoch in der Bootsmitte, da hier ja normalerweise der Sitz eingebaut ist. Dennoch lässt sich auch der Sitz oft ähnlich wie ein Tragejoch auf der Schulter aufsetzen, es ist nur nicht ganz so bequem. Selbst bei einem Sattelsitz im Wildwasserkanadier ist das möglich, wenn du den weichen Schaumsitz etwas seitlich platzierst oder die Spitze des Kanus vorne weit anhebst.

Im Tandemkanadier
findet der Solo-Paddler ein Tragejoch zum einfachen Umtragen (fb)

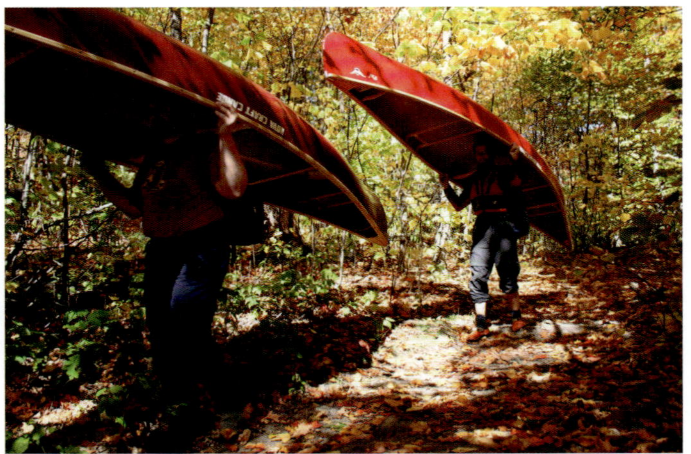

Eine andere Art, einen Solo-Kanadier zu tragen, ist, ihn einseitig mit dem Süllrand auf der Schulter aufzulegen. Hier macht eine gepolsterte Schwimmweste oder eine Ecke der untergelegten Kniematte eine lange Tragestrecke komfortabler.

Hat man einen befestigten Weg als Umtragestrecke, empfiehlt sich ein Bootswagen. Das ist ein kleines, zusammenlegbares Gestell mit zwei Rädern dran, das mit Spanngurten unter den Rumpf des Kanus geschnallt wird. So lassen sich selbst schwere oder beladene Kanus einfach um Hindernisse herum rollen.

Treideln

Erreichst du eine Stromschnelle, die zu wenig Wasser führt oder zu eng und zu schwer ist, als dass du sie befahren kannst, kann hier auch getreidelt werden. Besonders bei Touren fern der Zivilisation und befestigter Wege ist treideln oft einfacher, als mühsam einen Weg durch das dichte Unterholz zu schlagen und Boot und Gepäck in mehreren Durchgängen zu schleppen. Zum Treideln empfehlen sich zwei lange Seile aus schwimmbarem Polypropylen (zum Beispiel der Wurfsack in Kombination mit den Bootsleinen). Ein Seil wird vorne, eins hinten ans Kanu angebunden. Der Befestigungspunkt sollte sich möglichst nah an der Wasseroberfläche befinden. Damit verhinderst du, dass das Boot umkippt, wenn dein Kanu von der Strömung quergetrieben wird.

Mit diesen Leinen lässt sich das Boot schwimmend durch die Stromschnelle ziehen und dirigieren. Treideln ist eine Kunst, die viel Übung und Erfahrung erfordert. Außerdem wird ein einigermaßen begehbares Ufer vorausgesetzt, oder sichere Standpositionen im flachen Wasser am Rand.

Treideln ist eine Alternative zum Umtragen, hier treidelt der Autor sein Kanu durch einen Fisch-Kanu-Pass an der Uecker (fb)

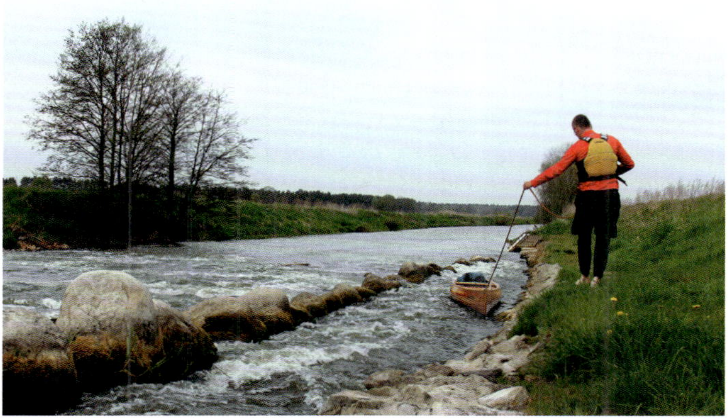

Seilfähre

Die Seilfähre ist ein Manöver, das dem Paddler erlaubt, eine mehr oder weniger starke Strömung von einem zum anderen Ufer zu queren, ohne dabei von der Strömung abgetrieben zu werden. Sie wird dazu eingesetzt, Hindernissen auszuweichen, anzulanden oder das Boot in eine bessere Ausgangslage zum Weiterpaddeln zu bringen.

Seilfähre vorwärts

Bei der Seilfähre vorwärts zeigt der Bug des Kanus der Strömung entgegen. Der große Vorteil ist, dass du so das Boot, die Strömung und das Ziel vor Augen hast und leicht auf Abweichungen von der Ideallinie reagieren kannst.

Wir nehmen an, dass du mit dem Bug stromauf an einem Ufer angelandet bist, aber zum Aussteigen ans andere Ufer wechseln willst. Die Aussteigestelle liegt deiner Position genau gegenüber. Die *Aufgabe* lautet also: „Wechsel zum anderen Ufer, ohne flussab getrieben zu werden."

Die *Aktion* sind ein paar Vorwärtsschläge, um das Boot zu beschleunigen. Dabei musst du mit Steuerschlägen die Bootsspitze in einem leichten Winkel zur Strömung an das andere Ufer, an dein Ziel, richten. Das Wasser strömt an die Seite des Bootes und drückt es in die gewünschte Richtung. Jetzt muss reagiert werden, die *Reaktionsphase* steht an: Ist deine Vorwärtsgeschwindigkeit gegenüber der Strömung zu hoch, kannst du die Bugspitze weiter zum Ziel hindrehen. Das Wasser findet mehr Anströmfläche und schiebt schneller in die gewünschte Richtung. Ist der Winkel aber zu groß, drückt das Wasser die Bootsspitze stromab und dreht dein Boot. Das kompensierst du durch kräftigere Steuerschläge. Während des ganzen Fahrmanövers musst du das Boot mit deinen Reaktionen in der möglichst optimalen Position halten. Und dabei den *Spaß* nicht vergessen - Phase vier!

Seilfähre rückwärts

Die Seilfähre rückwärts funktioniert nach demselben Prinzip wie die Seilfähre vorwärts. Nur zeigt das Heck stromauf und in die Richtung, in die du willst. Du korrigierst den Winkel zur Strömung durch Rückwärtsschläge.

Situation (siehe Abb. 18): Du paddelst an der linken Flussseite stromab (Position a), *onside* ist rechts, voraus liegt links ein Baumstamm im Fluss, eine freie Durchfahrt befindet sich auf der rechten Seite.

Aufgabe: Seilfähre rückwärts, um das Boot nach rechts zu versetzen und die freie Durchfahrt anzupeilen.

Aktion (siehe Position b): Mit einem übergegriffenen Ziehschlag zum Bug hin drehst du die Bootsspitze nach links, das Heck aber in einem leichten Winkel nach rechts zur Strömung. Mit Rückwärtsschlägen rechts bremst du das Boot, die Strömung schiebt dich auf die rechte Seite des Flusses.

Reaktion (siehe Position c): Dosierte Rückwärtsschläge bremsen das Boot weiter ab, dabei musst du deinen Anstellwinkel zur Strömung aber beibehalten. Hier helfen auch Rückwärtsbogenschläge, falls der Winkel zu groß wird. Die Strömung schiebt das Boot weiter auf die rechte Flussseite.

Du hast hoffentlich **Spaß** dabei, weil du aus der gefährlichen Situation ein elegantes Fahrmanöver gemacht hast, sicher am Hindernis vorbeikommst und nicht baden gehst.

Abb. 18: Mit der Seilfähre rückwärts kann man auf strömendem Gewässer leicht Hindernissen ausweichen.

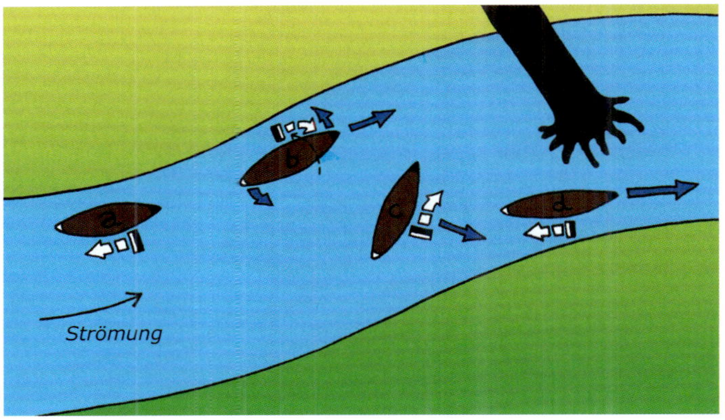

Die Seilfähre vorwärts wie rückwärts funktioniert einfacher, wenn sich das Paddel auf der flussab liegenden Seite des Bootes befindet. Außerdem empfiehlt es sich, das Boot leicht flussab anzukanten. Starke Strömung hat sonst die Tendenz, einem die erste Hälfte der Eskimorolle schneller beizubringen, als es gewünscht ist.

Kehrwasserfahren

Eines der wichtigsten Fahrmanöver, das man immer wieder üben und beinahe im Schlaf beherrschen sollte, ist das Kehrwasserfahren. Nur wer sicher in Kehrwasser ein- und ausschlingt, kann auf einem strömenden Gewässer auch anhalten. Kehrwasser entstehen, wenn Wasser um ein Hindernis oder um eine Flusskurve herum strömt (siehe Abb. 19). In den Bereichen direkt hinter dem Hindernis oder in der Innenkurve entsteht eine Gegenströmung. Wenn du weißt, wie du dort hineingelangst, findest du einen ruhigen Hafen und einen Platz zum Verschnaufen.

Abb. 19: Hindernisse in der Strömung bilden Kehrwasser, das flussab weisende „V" dazwischen weist die sichere Route.

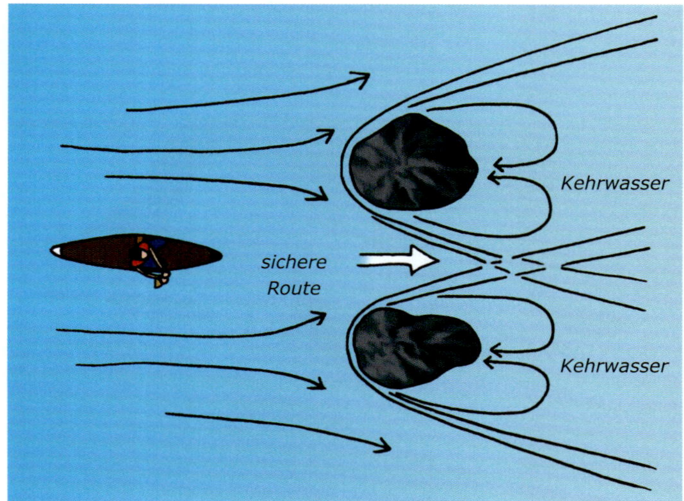

Einschlingen ins Kehrwasser

Abbildung 20 zeigt die Situation. Du paddelst auf strömendem Gewässer, links vor dir liegt ein großer Felsklotz im Wasser, hinter dem sich ein prächtiges Kehrwasser gebildet hat. Hier willst du anhalten und auf deine Paddelkameraden warten.

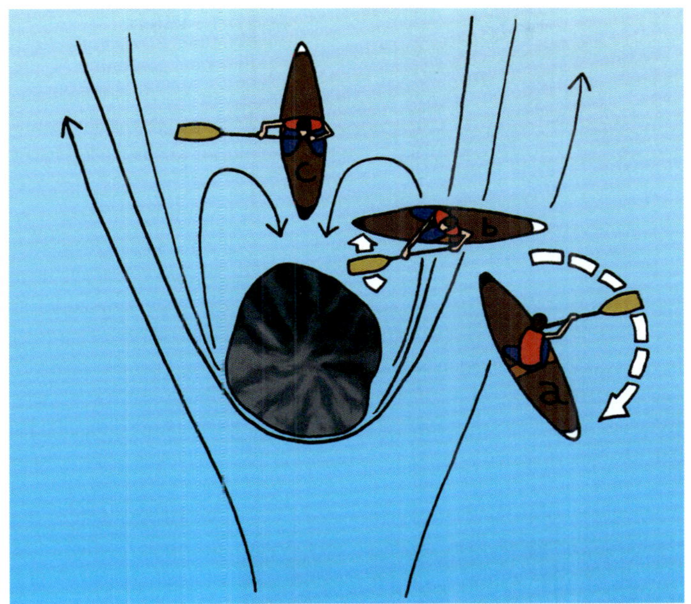

Abb. 20: Kehrwasserfahren gehört zum A und O auf strömendem Gewässer.

Aufgabe: Aus der Strömung ins Kehrwasser einschlingen. Das Erkennen geeigneter Kehrwasser und deren Eigenschaften ist Erfahrungssache. Wenn du aufmerksam paddelst und immer wieder die Strömung und ihren Weg um Hindernisse herum beobachtest, lernst du schnell.

Aktion: Möglichst frühzeitig musst du den Bug des Bootes in Richtung des Kehrwassers drehen, das Boot beschleunigen und zum Einfahren einen Punkt

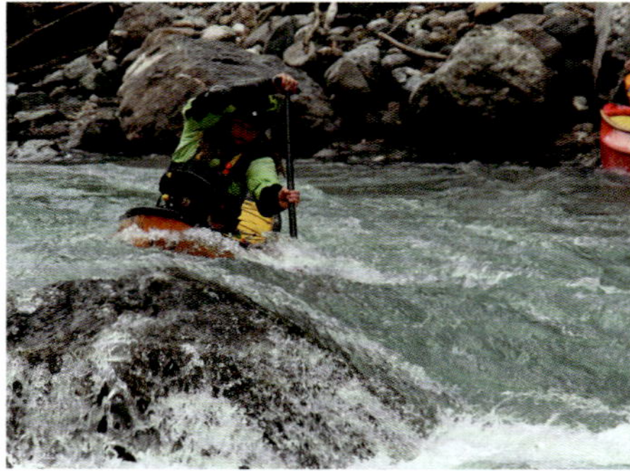

Anfahrt auf ein Offside-Kehrwasser hinter einem überspülten Felsen:
1. Beschleunigungsphase (fb)

direkt hinter dem Hindernis anpeilen. Das sind schon drei Dinge, die man beherrschen und koordinieren muss. Etwas Geschwindigkeit brauchst du, um quer zur Strömung ohne große Abdrift in Richtung des Kehrwassers zu kommen. Außerdem hilft dir eine gewisse Vorwärtsbewegung, um möglichst schnell aus der Strömung über das verwirbelte Wasser an der Kehrwassergrenze (Verschneidungszone) in den sicheren Hafen zu gleiten. Möglichst weit „oben", direkt nach dem Hindernis, ist die Verschneidungszone noch schmal, das ist also der optimale Punkt. Letzte Aktion ist dann, mit einem übergegriffenen statischen Ziehschlag das Paddel im Kehrwasser zu verankern und das Boot um diesen Punkt herumdrehen zu lassen.

2. Mit Schwung den Felsen anpeilen (fb)

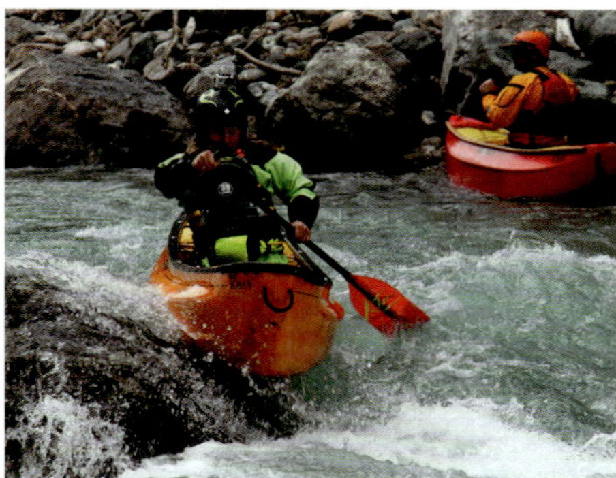

Reaktionen: Stimmt die Richtung? Bist du schnell genug? Triffst du den optimalen Punkt direkt hinter dem Hindernis? Und wenn das alles stimmt, dann wird es erst brenzlig. Denn die Strömung des Flusses drückt dein Heck stromab, während das ruhige Wasser hinter dem Hindernis deiner Bug abbremst und stromauf dreht. In der Summe geht das blitzschnell und durch Fliehkräfte und anströmendes Wasser kommst du in die Verlegenheit, in die Außenkurve umgeschmissen zu werden. Hier helfen dann der übergegriffene Ziehschlag und ein Hineinlehnen in die Innenkurve, das gleichzeitig ein Ankanten des Bootes in die Innenkurve bewirkt.

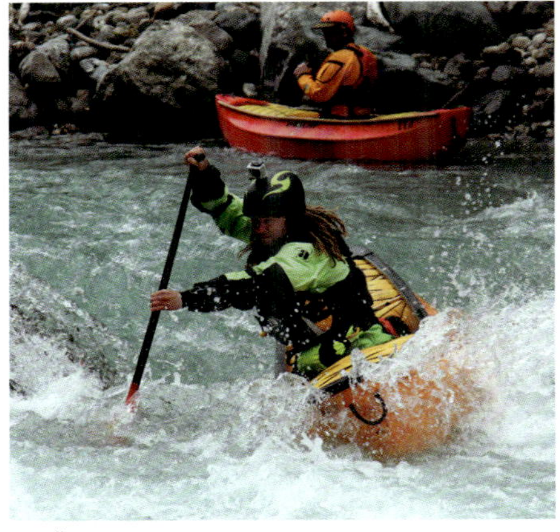

3. Übergegriffener Ziehschlag, Paddel fest im Kehrwasser verankert (fb)

Ausschlingen aus dem Kehrwasser

Hinaus geht es ähnlich, diesmal aber zur anderen Seite. Siehe dazu Abbildung 21, S. 76.

Aufgabe: Aus der Sicht des Paddlers gesehen nach rechts in die Strömung einfahren, das Boot stromab drehen und weiterpaddeln.

Aktion: Das A und O beim Ausschlingen ist es, im Kehrwasser eine möglichst hohe Vorwärtsgeschwindigkeit aufzubauen. Das ist im begrenzten Raum eines Kehrwassers gar nicht so leicht. Kurze harte Vorwärtsschläge mit kurzen, knackigen Korrekturen helfen dabei. Angepeilt wird wieder der Punkt, an dem die Strömung knapp am Hindernis vorbeifließt und die Verschneidungszone nur schmal ist.

Reaktionen: Stimmt deine Vorwärtsbewegung? Triffst du genau den angepeilten Punkt? Sobald der Bug von der vorbeifließenden Strömung erfasst wird, dreht es ihn stromab. Diese Drehbewegung kompensierst du mit einem angekanteten Boot nach rechts und einer flachen Paddelstütze. Wichtig ist wirklich, dass du dich und das Boot in die Innenkurve legst. Die Paddelstütze

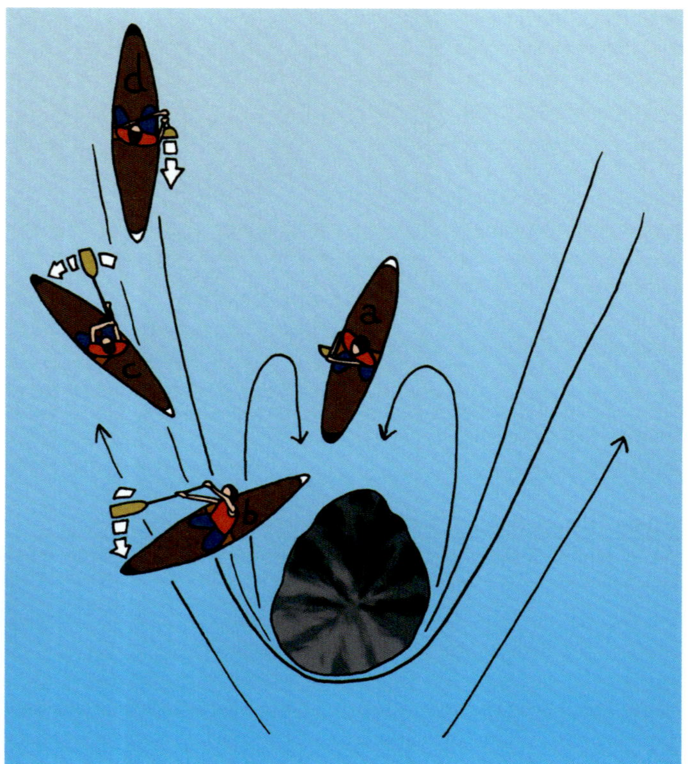

Abb. 21: Der Trick zum erfolgreichen Verlassen eines Kehrwassers ist eine gute Beschleunigung auf kurzer Distanz.

stabilisiert das Ganze. Mit Verbesserung der Technik kannst du statt der Paddelstütze auch einen statischen Ziehschlag vorne machen. Falls die Drehbewegung nicht ausreicht, wird aus der flachen Paddelstütze vielleicht auch ein Bogenschlag rückwärts, der das Boot dann parallel zur Strömung dreht.

Das ist alles sehr komplex, vor allem bei Kehrwassern auf der *offside* des Paddlers, wie hier beim Einschlingen beschrieben. Aber wenn es klappt, macht es unbändigen Spaß, mit einem Höchstmaß an Eleganz und Effektivität einen verblockten Fluss hinunterzuschwingen. Ich empfehle, möglichst bei großen Kehrwässern in schwacher Strömung anzufangen und sich nur langsam zu steigern.

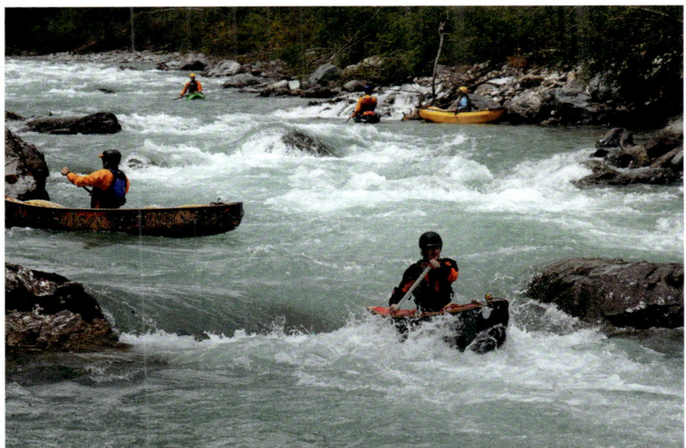

Diese Open Canoe Gruppe im Wildwasser des Inn in der Schweiz zeigt, worauf es ankommt: Hartnäckiges Üben (fb)

Profi-Tipp: Mit dem *offside lean* ins Kehrwasser

Wenn du das Kehrwasserfahren aus dem Effeff beherrschst, kannst du dich am *offside lean* beim Einfahren ins Kehrwasser versuchen. Durch Gegenkanten des Bootes zur Außenkurve hin „*carven*" moderne Wildwasserkanadier mit harten Chines besser in kleine und kleinste Kehrwässer. Da man der Kehrwasserströmung die scharfe Kante des Bootes als Angriffsfläche anbietet, dreht das Boot deutlich schneller. Allerdings muss man das Boot durch konzentrierten *body lean* und effektive Paddelverankerung am Umkippen hindern. Ein kleiner Fehler führt unweigerlich zum Bad!

Üben kannst du das extreme Ankanten des Bootes auf einer ruhigen Wasserfläche. Behalte deinen Körperschwerpunkt möglichst immer genau über dem Boot. Ein letztendliches Umkippen verhindert eine flache Paddelstütze. *Offside* kann man sich meist mit einem scharfen Hebelschlag noch retten.

Mit mehr Spaß unterwegs - Spielarten

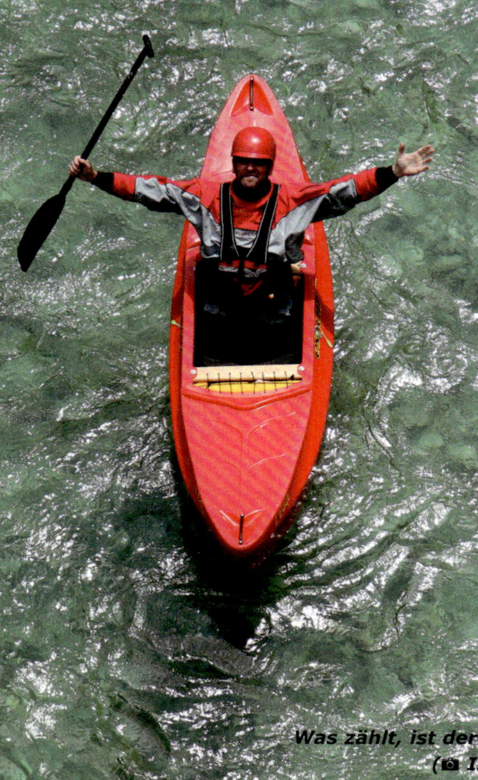

Was zählt, ist der Spaß dabei
(📷 Isa Isensee)

Es gibt unzählige Spielarten, die man mit dem Solo-Kanadier ausprobieren kann, auch wenn manches davon vielleicht belächelt wird. Kein Fortbewegungsmittel ist so vielseitig wie der Kanadier. Es sind noch viele andere Varianten als die nachfolgend vorgestellten denkbar. Bei allen ist aber wichtig, dass der Spaß dabei nicht zu kurz kommt.

Wenn du regelmäßig über den eigenen Süllrand schaust, offen bist für andere Ideen, neugierig, Alternativen auch mal auszuprobieren, wirst du ein noch besserer, weil vielseitigerer, Kanadierpaddler. Du lernst bei jeder Disziplin neue Techniken und Tricks. Diese kannst du in deinem langen Paddlerleben vielleicht mal gewinnbringend einsetzen.

Kanumarathon

Beim Kanumarathon legt man große Entfernungen in möglichst kurzer Zeit zurück. Kanumarathon ist eine anstrengende Ausdauersportart, die auch in Deutschland langsam Fuß fasst. Noch sind bei den Breitensportklassikern wie dem Weser-Marathon (💻 www.wesermarathon.de, 135 km), dem Meißen-Magdeburg-Mammut-Marathon (💻 www.paddelsport.de/mmmm/mmmm.php, 243 km in 2 Tagen), der Weserberglandrallye (💻 www.weserberglandrallye.de, 66 km) oder dem 1.000-Seen-Marathon (💻 www.1000seen-marathon.de, 42 oder 62 km) in Mecklenburg nur wenige Solo-Kanadier am Start, aber das ändert sich.

Die Nordamerikaner, bei denen der Kanumarathon wie alle Kanadierthemen einen höheren Stellenwert als bei uns besitzt, haben dafür eine spezielle Paddeltechnik entwickelt: die *North-American-Touring-Technique* (NATT) oder oft auch *Sit'n'Switch* oder *Minnesota Switch* genannt. *Sit'n'Switch* ist etwas ganz Eigenes und geht dem Kanupuristen eigentlich gegen den Strich: Das spezielle Knickschaftpaddel (das Paddelblatt ist gegenüber dem Schaft um 7 bis 15 Grad angewinkelt) wird im Sitzen und mit hoher Frequenz (bis zu 60 Paddelschläge pro Minute) und kurzem Schlagweg (vom vorderen Eintauchpunkt bis maximal Mitte Oberschenkel) geführt und - jetzt kommt der *„Switch"* - nach 5 bis15 Paddelschlägen auf die andere Seite gewechselt. Durch diesen Seitenwechsel, richtig und rechtzeitig ausgeführt, erspart man sich zeitraubende Korrekturschläge.

Sit'n'Switch macht nur richtig Spaß, wenn man einen schlanken, leicht laufenden Kanadier unterm Hintern hat. Aber wenn du in leichten Schlangenlinien übers Wasser ziehst und die Kilometer nur so an dir vorbeifliegen, dann kommt ein ganz besonderes Gefühl der Leichtigkeit auf.

Auch für Tourenpaddler kann das Erlernen dieser Technik sehr interessant sein. Lange, zähe Strecken über einen See oder im Stauwasser eines Wehres gehen schneller vorbei, beide Körperseiten werden gleichmäßig beansprucht und ein gelegentlicher Wechsel zwischen traditioneller Paddeltechnik und dem sportlichen Marathonstil erweitert den Horizont.

Canoe Poling

Ganz gemächlich geht es bei der nächsten Art des Kanadierfahrens zu. Beim Canoe Poling stakt sich der im Boot stehende Kanadierfahrer mit einer langen Stange durchs flache Gewässer. Canoe Poling geht am besten da, wo das Boot noch problemlos schwimmt, es aber zum effektiven Paddeln eigentlich schon zu flach ist. Meistens wird Canoe Poling dazu benutzt, sich leicht verblockte Stellen gegen die Strömung aufwärts zu staken. In der Gegenrichtung, also flussab, nennt sich diese Disziplin „Snubbing“ und ist ein vorsichtiges Herabtasten zwischen den Steinen eines flachen Schwalls.

Als Boot bietet sich ein mittellanges, wendiges und recht kippstabiles Kanu an. Man steht etwas hinter der Bootsmitte, der Bug kann so frei schwingen und lässt sich leichter dirigieren. Die Stakstange ist meist aus Holz und zwischen drei und vier Metern lang. Wer viel stakt, nimmt haltbareres Aluminium oder gar eine leichte, teilbare Carbonfaserstange. Die Enden werden zwecks Haltbarkeit und besserem Halt am Gewässerboden mit einem „polingshoe“, einer Spitze aus Metall, verstärkt. Wichtig ist rutschfestes Schuhwerk, denn der Bootsboden, vor allem bei Royalex und PE-Booten, kann mit ein paar Wassertropfen im Boot spiegelglatt werden.

Beim *Canoe Poling* schulst du das Gleichgewicht und die Fähigkeit des „Wasserlesens“. So nennt man das vorausschauende Erkennen von Hindernissen und Strömungen sowie deren Verhältnis und Einfluss auf das Kanu. Beides, ein gutes Gleichgewichtsgefühl und das Wasser lesen zu können, ist auch beim „normalen“ Paddeln von großer Hilfe.

In Tübingen mit seiner langen Stocherkahntradition findet regelmäßig im Herbst ein Canoe-Poling-Treffen statt. Informationen dazu beim Kanadierkollegen Axel D. Kühn unter 💻 http://paddelblog.blogspot.com.

American Freestyle und Canadian Style

Eine besonders elegante Art des Kanadierpaddelns ist *Canoe Freestyle*. Das hat nichts mit der wilden Akrobatik im Wildwasser zu tun, bei dem die Boote in allen drei Achsen rotieren, sondern beschäftigt sich mit Harmonie und Effektivität, um das Boot zu beschleunigen, zu drehen und zu wenden. *Canoe Freestyle* ist der Tanz mit dem Boot auf ruhigem Wasser, Wettbewerbe ähneln dem Eiskunstlauf und werden meist mit Musikuntermalung durchgeführt.

Es gibt zwei Arten von *Canoe Freestyle*: *American Freestyle* und *Canadian Style Paddling*. Der Hauptunterschied liegt im verwendeten Bootsmaterial.

Für *American Freestyle* wurden spezielle Boote entwickelt: extrem wendig, extrem endstabil und oft ohne eingebaute Sitze, damit man sich in der

Canadian Style Paddling mit Becky Mason, Tochter vom Kanadierpapst Bill Mason, die die Tradition ihres Vaters fortführt (fb)

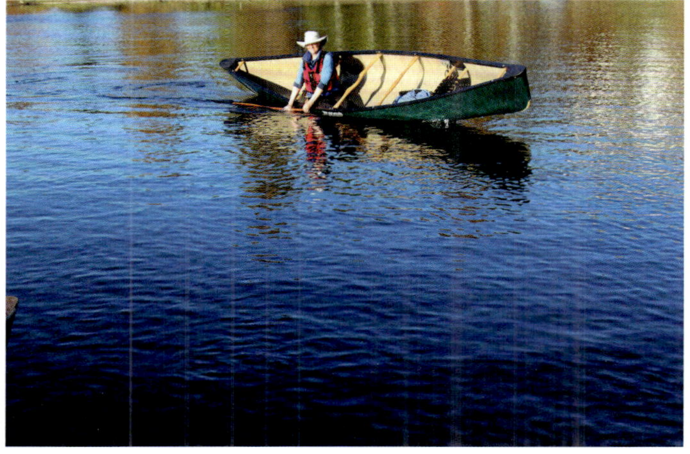

gesamten Bootslänge frei bewegen kann. Beim *American Freestyle* gibt es *onside* und *offside* Manöver, oft wird auch in der Bewegung die Paddelseite gewechselt. Das Boot fährt mal vorwärts, mal rückwärts.

Canadian Style Paddling findet in der Regel in einem stark angekanteten Tandemboot statt. Der Paddler kniet in der Rundung zwischen Bootsboden und Seitenwand mittig im Boot. Dadurch sind *offside* Paddelschläge unmöglich, auch kann sich der Paddler nicht so frei im Boot bewegen.

Bei beiden Disziplinen besteht die hohe Schule darin, die Paddelschläge (die alle einen Namen haben) ruhig, elegant und mit größtmöglicher Effektivität aneinanderzureihen, damit das Boot sich flüssig bewegt und dreht. Oft kann man die einzelnen Schläge gar nicht voneinander unterscheiden, das Boot bewegt sich wie von Geisterhand gesteuert mal hierhin, mal dorthin.

Doch auch, wenn du das alles zu gekünstelt und gestellt findest, solltest du wenigstens einmal in deiner Kanu-Karriere an einem Canoe-Freestyle-Kurs teilnehmen: Nirgendwo wird so viel Augenmerk auf die Effektivität des Paddelschlags gelegt wie in dieser Disziplin. Und davon kann man vor allem solo im Kanu nie genug bekommen.

Es gibt mehrere Canoe-Freestyle-Kursleiter in Deutschland, die auch international einen sehr guten Ruf haben. Informationen und Links zu Kursangeboten gibt es z.B. unter 💻 www.freestylecanoeing.org. Die Canoe-Freestyle-Szene trifft sich jährlich im Frühsommer zum „Kringelfieber" am Edersee (💻 www.kringelfieber.de).

Wildwasser

Dass Kanadier auch im (extremen) Wildwasser funktionieren, hat sich mittlerweile auch auf europäischen Gewässern herumgesprochen. Immer öfter sieht man die wilden Wannen von Kehrwasser zu Kehrwasser springen. Selbst auf klassischen Wandertouren kann es passieren, dass du vor einem befahrbaren, wuchtigen oder verblockten Schwall stehst. Da ist es gut, wenn du dich vorher schon mal mit den sicheren und trockenen Linien durch wildes Wasser, die du für eine erfolgreiche Befahrung benötigst, auseinandergesetzt hast.

Die Befahrung von Wildwasser im offenen Kanadier ist jedenfalls die Königsdisziplin. Schließlich hat man nicht nur mit Boot und Paddel zu hantieren, sondern auch noch Strömung und Hindernisse abzuschätzen. Jeder

Paddelschlag und jede Korrektur muss sitzen. Eine sichere und möglichst trockene Fahrtroute muss erkannt und eingehalten werden. Sicheres Kehrwasserfahren, *onside* wie *offside*, ist unabdingbar. Aber du hast auch Vorteile auf deiner Seite. Durch die hohe und aufrechte Haltung kannst du den ganzen Körper gewinnbringend in den Paddelschlag einsetzen, von der besseren Übersicht gar nicht zu reden.

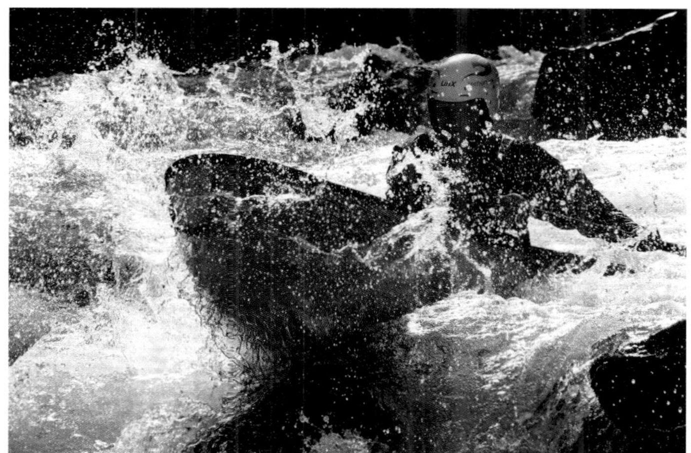

Im Wildwasser wird's nass (fb)

Bis etwa Wildwasser II (Schwierigkeitsgrade werden von Wildwasser I (leicht) bis VI (unfahrbar) eingeteilt) kann man noch ein wendiges Allroundkanu einsetzen. Allerdings ist darauf zu achten, das Boot mit großen Auftriebskörpern unsinkbar zu machen. Darüber hinaus sind spezielle Boote (siehe ☞ Wildwasserkanadier S. 18) und umfangreiche Sicherheitsausrüstung unverzichtbare Bedingung. Du solltest auf leichtem Wildwasser beginnen und dich nach und nach in die oberen Schwierigkeitsgrade vortasten.

Wenn du dich für diese Disziplin entscheidest, stehst du vor einer lebenslangen Herausforderung und einer stetig steigenden Lernkurve - davon profitieren Körper und Geist.

Die europäischen Wildwasserkanadierpaddler treffen sich zur European C-boat Armada meist um Himmelfahrt herum irgendwo in den Alpen. Treffpunkte, Absprachen und alle Details erfährt man in folgendem Forum: www.wildwasserboard.de.

Profi-Tipp: Kanu-Slalom

Wenn du meinst, dass du mit allen Wildwassern gewaschen bist und dich nichts mehr herausfordert, dann solltest du mal Kanu-Slalom ausprobieren. Über einem natürlichen oder künstlich geschaffenen Wildwasser werden Slalomtore aufgehängt. Diese gilt es in möglichst kurzer Zeit, in der richtigen Reihenfolge und ohne Berührung der Torstangen zu durchfahren.

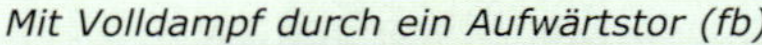

Mit Volldampf durch ein Aufwärtstor (fb)

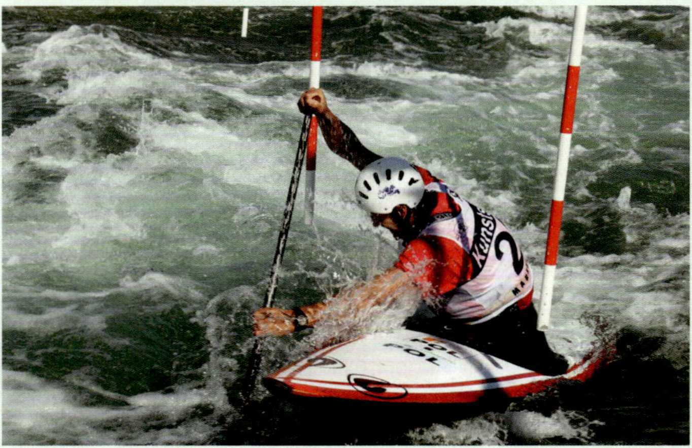

Abwärtstore sind grün-weiß gestreift und werden in Strömungsrichtung durchfahren, Aufwärtstore (rot-weiß) müssen entgegen der Strömung durchfahren werden. Berührungen oder gar das Verpassen der Torstangen werden mit Strafsekunden geahndet. Das hört sich zunächst noch nicht sonderlich kompliziert an. Problem ist, dass die Tore natürlich nicht in einer Linie, sondern links und rechts verteilt über den Fluss gehängt sind und oft an den Stellen, an denen die Wasserströmung eigentlich daran vorbeifließt.

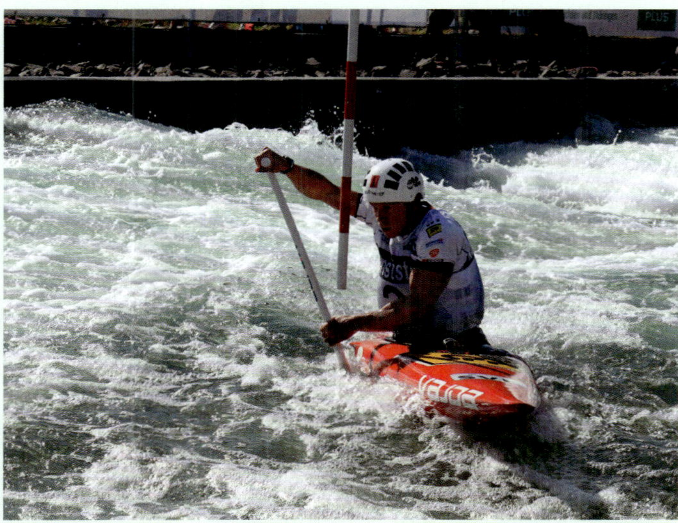

Der slowakische Kanuslalomfahrer Michal Martikán windet sich durch den Stangenwald im Kanupark Markkleeberg (fb)

Es gibt viele Vereine, die Kanu-Slalom wettkampfmäßig betreiben; alle haben eine Trainingsstrecke, die nach Absprache auch von anderen Kanuten benutzt werden kann. Außerdem finden sich z.B. in Augsburg am Eiskanal (💻 www.eiskanal-augsburg.de) und in Markkleeberg am Kanupark (💻 www.kanupark-markkleeberg.com) tolle Übungsstrecken, die gegen eine Gebühr die Benutzung erlauben. Man muss das gar nicht wettkampfmäßig betreiben. Schon eine Kombination aus wenigen Toren fehlerfrei zu befahren, kann einen viele Stunden lang beschäftigen und ist ziemlich anstrengend.

Kanu-Slalom im Solo-Kanadier ist eine ultimative Herausforderung an Kraft, Schnelligkeit, Ausdauer und Konzentration - ausprobieren!

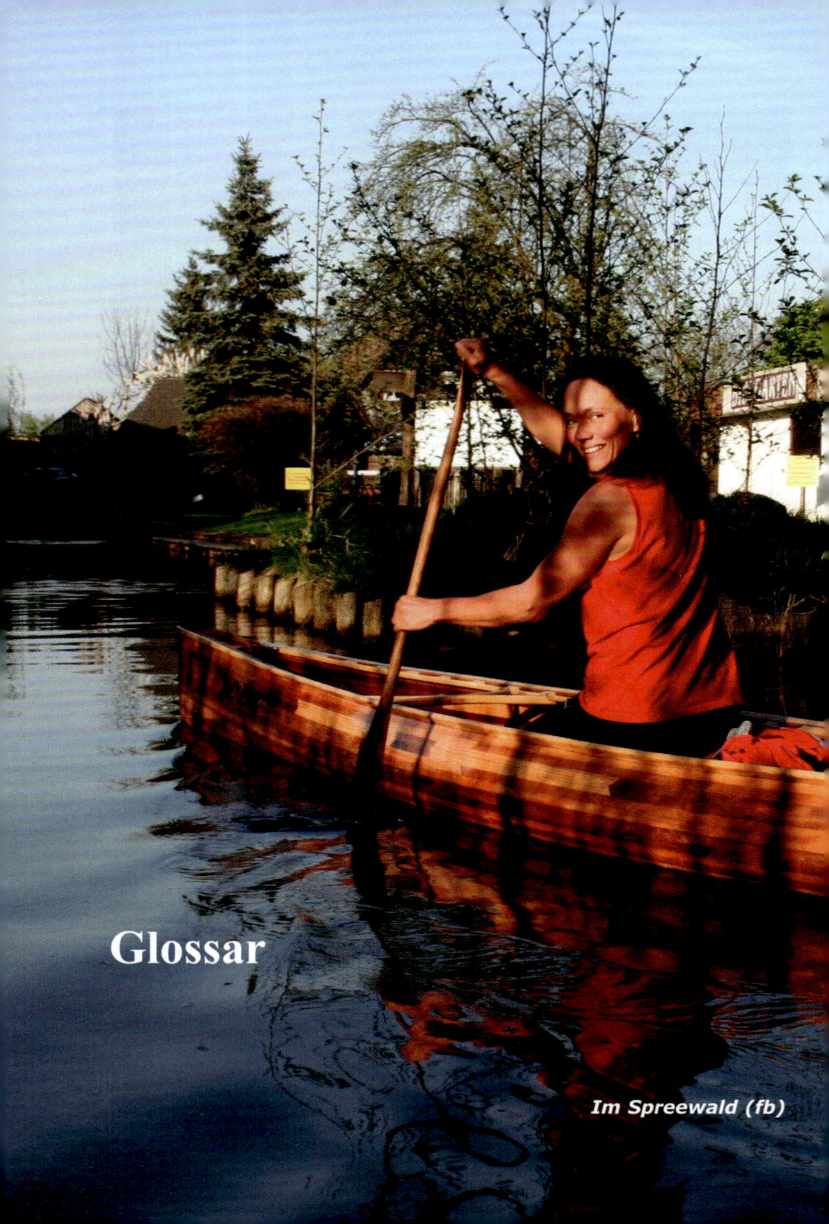

Glossar

Im Spreewald (fb)

Paddel Lexikon

Kanu-Fachbegriffe und Materialien kurz erklärt

Alukante

Aufgebrachte (schlecht!) oder ins Paddelblatt integrierte Kante aus Aluminium, schützt den empfindlichen unteren Bereich des Paddelblattes bei Grund- oder Steinberührungen.

Anfangsstabilität

„Kippeligkeit", eigentlich Wasserlage des Kanus in Normalposition. Eine hohe Anfangsstabilität bedeutet, dass viel Kraft aufgewendet werden muss, um den Bootsrumpf aus dieser Normalwasserlage auf die Seite zu kippen (anzukanten).

Es gibt zwei Extreme: das Brett (sehr anfangsstabil) und den runden Baumstamm (gar nicht anfangsstabil) im Wasser.

Ankanten

Das Kanu wird in der Längsachse gedreht, sodass der Süllrand auf der einen Seite näher am Wasserspiegel liegt als auf der anderen.

Arbeitsseite

Siehe ☞ Onside, S. 92

Asymmetrischer Griff

T- oder Palmgriff, der nur in einer Ausrichtung gut in der Hand liegt. Meist bei Bentshaftpaddeln oder seltener bei gekehlten Blättern.

Auftriebskörper

Großer, mit Luft gefüllter Beutel, der ins Boot eingebunden wird, um Open Canoes unsinkbar zu machen.

Ausschlingen

Ausfahren aus dem Kehrwasser in die Hauptströmung.

Bentshaft

Knickpaddel, das Paddelblatt ist zwischen 7 und 15 Grad zum Schaft abgeknickt. Erfordert eine spezielle Paddeltechnik, meist im Touring- oder Marathonwettkampf-Bereich.

Biberschwanz (Beavertail)

Stark abgerundetes Paddelblatt, das oben deutlich schmaler ist als unten. Biberschwanzpaddel gibt es wahlweise kurz und breit für flachere Touringgewässer oder lang und schmal für Seen.

Blatt

Brettartige Verbreiterung am dem Griff entgegengesetzten Ende des Schaftes eines Paddels. Kann aus Holz und/oder Kunststoffen gefertigt sein. Verschiedenste Formen sind möglich.

Bootsgasse (auch Bootsrutsche o.ä.)

Bootsgassen erlauben ein gefahrloses Umfahren eines Wehres. Neuerdings oft auch als Fisch-Kanu-Pass, der neben einer Bootsgasse zusätzlich eine Fischaufstiegsmöglichkeit bietet.

Bug

Die vordere Spitze des Kanus, bestimmt bedeutend die Fahreigenschaften des Kanus mit.

Catch

Eintauchphase am Anfang jedes Paddelschlages. Ein optimaler Catch ist kraftvoll, spritzt nicht und der folgende Treibschlag hat minimalen Schlupf. Jedes Paddel erfordert eine individuelle Abstimmung für einen sauberen Catch.

Chine

So nennt man den Übergang von der Seitenwand in den Bootsboden. Kurz und kantig („hard chine") sorgt für gute Anfangsstabilität durch den möglichst breiten Boden, macht das Boot aber in Seitenlage sehr kippelig und in Strömungen seitenwasserempfindlich.

Ein weit ausgerundeter Übergang („soft chine") erhöht dagegen die Endstabilität und erlaubt ein dosiertes Ankanten des Bootes.

Einschlingen

Einfahren in ein Kehrwasser aus der Hauptströmung heraus.

Endstabilität

Ein Kanu mit hoher Endstabilität kann soweit angekantet werden, dass Wasser über den Süllrand des Bootes laufen würde, das Kanu aber (noch) nicht umkippt.

Eskimorolle

Technik, ein gekentertes Boot mit einem bestimmten Paddelschlag wieder aufzurichten. Die Eskimorolle funktioniert auch im Kanadier, wenn der Paddler durch einen speziellen Sattelsitz und Schenkelgurte sicheren Halt im Boot findet.

Flachboden

Hohe Anfangsstabilität, vergleichsweise wendig. Angekantet (vor allem in Verbindung mit einem harten Chine) erreicht man sehr plötzlich den Kipppunkt (d.h. geringe Endstabilität). Vorsicht also auf bewegtem Wasser. Ab 4,5 m Bootslänge neigen Flachböden zum Schwabbeln und benötigen entweder Verstärkungen oder verlieren viel von ihren Vorteilen.

Flacher Rundboden

Verbindet gute Fahreigenschaften mit ausgewogener Anfangs- und Endstabilität sowie Rumpfsteifigkeit. Im guten Kanadierbau die wohl häufigste Form.

Je runder der Boden, desto schneller wird der Rumpf, aber auch umso kippeliger verhält sich das Boot. Echte Rundböden werden nur bei Wettkampfbooten eingesetzt

Flare

Eine nach außen weisende Seitenwand, die verhindert, dass Wasser ins Boot schwappt. Flare wird vor allem im Bugbereich verwendet, um besseren Trockenlauf zu erzielen.

Flattern

„Zittern“ des Paddels bei kraftvollen Schlägen, ein Zeichen von unausgereiften oder überdimensionierten Blattformen.

Flex

Biegsamkeit und Elastizität des Schaftes und/oder Blattes.

Freibord

Höhe der Seitenwand eines Kanadiers, die oberhalb der Wasserlinie liegt. Je höher das Freibord, desto trockener fährt das Kanu in Wellen.

Gekehltes Blatt

In Längsrichtung gebogenes Paddelblatt.

Gerader Steven

Zieht die Wasserlinie bis fast auf die gesamte Bootslänge aus; deutliches Erkennungsmerkmal für leicht laufende Touring-Kanadier.

Nachteil: Gerade Steven sind weniger wendig und „Laubfänger“.

Gerundeter Steven

In Verbindung mit der Spitzenhöhe trägt er sehr zum „Look“ des Indianerboots bei. Weit hochgezogene Spitzen sind eine Geschmacksfrage, über die sich Paddler viel und gerne streiten. Für die einen sind die „Indianerspitzen“ Windfänger, für die anderen einfach eine Frage des richtigen Stils.

Griffhand

Die Hand, die den T-Griff oder Knauf greift.

Hals

Bereich, wo der Schaft in das Paddelblatt übergeht.

Heck

Hinteres Ende des Bootes. Manche großen Frachtkanus haben ein Spiegelheck, hier erscheint die hintere Spitze „abgeschnitten“. An diesem Spiegelheck kann man eventuell einen kleinen Außenbordmotor anbringen.

Holz

Sehr gut geeignetes Material für Tourenpaddel. Warm, optisch ansprechend, gelenkschonend. Meist werden verschiedene Holzarten verleimt. Holzpaddel müssen mit Lack oder Öl geschützt werden und brauchen etwas Umsicht und Pflegeaufwand.

J-Schlag

Effektiver Steuerschlag mit dem Stechpaddel. Das Paddel wird in J-Form bewegt, der Haken am „J" bewirkt die Kurskorrektur.

Kehlung

Konkave Biegung im Paddelblatt.

Kiel

Ausformung des Bootsbodens in Längsrichtung, dient der einfachen Spurhaltung von Booten. Ein Kiel ist bei gut konstruierten Kanus überflüssig.

Kiellinie

Erkennbar in der Seitenansicht (für Fahreigenschaften ist nur wichtig, was auch im Wasser liegt). Eine Kiellinie, die möglichst lange schnurgerade verläuft, sorgt für tollen Geradeaus- und Leichtlauf, allerdings auf Kosten der Wendigkeit.

Kielsprung (auch „scoop" oder „rocker")

Die Krümmung der Kiellinie. Ist die Kiellinie zu den Enden hin aufgebogen, bringt dies Wendigkeit, verringert aber die Endgeschwindigkeit. Ein reiner Tourer hat somit kaum Kielsprung, ein Wanderkanadier etwas, ein reines Wildwasserboot davon sehr viel.

Knauf (Palmgriff)

Knubbelartige Verdickung am Schaft von (meistens) Wanderpaddeln, handschmeichlerisch abgerundet.

Laminat

Material für hochwertige, leichte Boote und Paddel, meist Kombinationen aus Glasfaser, Kevlar- und/oder Kohlefasergewebe, teuer.

Open Canoe

Englische Bezeichnung für einen offenen Kanadier, mit diesem Begriff ist aber in der Regel ein offenes Wildwasserkanu gemeint.

Offside

Die der Paddelseite entgegengesetzte Bootsseite.

Onside

Arbeitsseite, die Seite des Kanadiers, auf der das Paddel eingesetzt wird. Im Zweierkanadier die Paddelseite des vorne sitzenden Paddlers.

Otterschwanz (Ottertail)

Langes Paddelblatt mit ziemlich viel Flex, das oben etwas breiter ist als unten. Für kraftschonendes Paddeln auf tiefen Gewässer und Seen.

Paddler's box

Imaginäre „Kiste" vor dem Körper des Paddlers, innerhalb derer sich die Hände bei jedem Paddelschlag bewegen sollen. Hält man sich daran, minimiert man das Verletzungsrisiko und maximiert den Krafteinsatz.

Die paddler's box definiert sich von Oberkante Süllrand bis etwa Stirnhöhe, ist vorne so breit wie die Griffweite am Paddel, hinten schulterbreit und armlang.

Palmgriff

Siehe ☞ Knauf, S. 91.

Park'n'Play

Ein Begriff aus dem Wildwasserpaddeln. Man „parkt" in Gewässernähe und „spielt" an dieser Stelle mit den Strömungen, Wellen und Walzen.

Persenning

Robustes Gewebetuch, das über den Süllrand gespannt wird und so aus einem offenen Kanadier ein gedecktes Boot macht. Eine Persenning schützt Ladung und Paddler vor eindringendem Wasser.

Portage
Umtragen des Bootes auf dem Landweg um ein Hindernis im Fließgewässer herum oder über eine Landzunge von einem See zum anderen.

Power face
Arbeitsfläche, die aktive Seite des Paddelblattes.

Power phase
Kraftphase, nach einem sauberen Catch ist das die wichtigste Phase eines Paddelschlages für effizientes, kräfteschonendes Paddeln.

Prepreg-Verfahren
Herstellungsverfahren mit harzgetränkten Geweben für leichte und robuste Paddelblätter.

Querstrebe (Ducht)
Querholz, das die beiden Süllränder auseinanderhält und so die Form des Bootes in der Aufsicht bestimmt.

Recovery
Zurückführen des Paddels, um einen neuen Schlag einleiten zu können, kann außerhalb oder im Wasser (hier mit Steuereffekt) erfolgen.

Rippe
Versteifungsrippe im Paddelblatt, meist bei Kunststoffpaddeln, wo der Schaft aus Stabilitätsgründen bis weit ins Paddelblatt geführt wird.

Rockgard Tip
Siehe ☞ Urethan-Kante, S. 96.

Schaft
Stiel eines Paddels, an einem Ende der Griff, am anderen das Paddelblatt. Hochwertige Schäfte sind im Griffbereich ovalisiert. Materialien: Holz (meist mehrfach verleimt), Aluminium, Laminate.

Schafthand

Hand, die den Schaft greift.

Schlupf

Bewegung des Paddelblattes in Richtung des Schlages. Je größer der Schlupf, desto uneffektiver der Schlag. Großen Schlupf erkennt man am gurgelnden Geräusch und an großen Verwirbelungen.

Seitenwand

Je nach Höhe bietet sie mehr Zuladung und Schutz vor Wellen. Zu hoch behindert sie jedoch auch einen effektiven Paddeleinsatz, bietet Seitenwind viel Angriffsfläche und erhöht das Bootsgewicht. Siehe auch ☞ Freibord, S. 90.

Oft werden die verschiedenen Seitenwandformen in einem Rumpf kombiniert, um die Fahreigenschaften genau abzustimmen: Flare in den Enden, Tumblehome an den Paddlerpositionen und gerade Seitenwände im Lastbereich.

Sit'n'switch

Spezielle Paddeltechnik für den Gebrauch von Bentshaft-Paddeln, sehr effektiv und kraftsparend. Zur Kurskorrektur wird regelmäßig die Paddelseite gewechselt. Auch Minnesota-Switch oder NATT (North American Touring Technique) genannt.

Steven

Bugform, von der Seite aus betrachtet. Je größer der Radius des Stevens, desto mehr erhöht sich die Wendigkeit (Verkürzung der Wasserlinie) und die Eigenschaft, leichter über Hindernisse im Wasser hinweg zu rutschen.

Süllrand

Als Süllrand bezeichnet man den oberen Abschluss des Kanus. Er gibt dem Boot eine gewisse Steifigkeit gegen seitliche Verformungen.

Symmetrie

Bei klassischen Bootsformen sind Vorder- und Hinterschiff identisch. So kann ein Zweier auch als Soloboot genutzt werden, indem man das Boot

„rückwärts" vom Vordersitz aus paddelt. Das ist bequem und besonders effektiv, da man nahe dem Drehpunkt in Bootsmitte platziert ist. Bei reinen Solo-Kanadiern werden oft asymmetrische Linien verwendet.

T-Griff (Spatengriff)

T-förmiger Griff am Schaft, dient zum Halten und zur Führungskontrolle des Paddels.

Teilbarkeit

Bei Stechpaddeln ist es aufgrund der kompakten Länge nicht nötig, das Paddel zerlegen zu können, allenfalls für Paddel, die in Verbindung mit Faltkanadiern oder Schlauchbooten eingesetzt werden.

Tragejoch

Geformte Querstrebe in der Bootsmitte, die das Tragen eines Kanus durch eine einzelne Person kieloben über dem Kopf erlaubt.

Treideln

Treideln muss man ein Kanu über flache Gewässerstrecken oder am Rand durch zu gefährliche Stromschnellen. Zum Treideln bindet man das Boot vorne und hinten an zwei lange Leinen, um es aus sicherer Entfernung oder vom Ufer aus durch diese Stellen zu dirigieren.

Bei einer Treidelstelle muss man entgegen einer Portage das Boot vorher nicht entladen.

Trim

Wasserlage des mit Paddler und Gepäck beladenen Kanus. Bei einem ausgewogenen Trim tauchen Bug und Heck gleichmäßig weit ins Wasser ein. Es empfiehlt sich im Solo-Kanadier ein leicht hecklastiger Trim für bessere Manövrierfähigkeit. Bei starkem Gegenwind trimmt man buglastig und nützt den Wetterfahneneffekt.

Trockenlauf

Verhalten des Kanus in Wellen. Ein trockenes Kanu nimmt beim Durchfahren von Wellen kein oder nur ganz wenig Wasser über.

Tumblehome

Nach innen gezogene Seitenwände in Bootsmitte, die es erlauben, näher an der Längsachse des Kanus zu paddeln (das ist effektiver), ohne dass Zuladung und Stabilität eingeschränkt werden.

Übergreifen

Das Paddel wird auf der Gegenseite - *offside* - eingesetzt, ohne die Griffweise zu ändern. Die Knaufhand bleibt am Knauf, die Schafthand am Schaft.

Urethan-Kante

Verstärkte Kante aus Kunststoff an Holzpaddeln, schützt den empfindlichen unteren Bereich des Paddelblattes bei Grund- oder Steinberührungen.

V-Boden

Verbindet etwas die Vorteile des Rundbodens mit der Spurtreue eines ausgeformten Kiels. Nachteil: ein erhöhter Tiefgang, der V-Boden bleibt leichter auf Untiefen hängen, ein unbeladenes Boot kippt von der Normallage immer leicht zur einen oder anderen Seite.

Walze

Horizontal rotierender Wasserstrudel, häufig nach Abfällen, überspülten Hindernissen oder im Unterwasser von Wehren. Je gleichmäßiger und größer die Walze ist, desto gefährlicher kann sie werden, da sie Boot und Paddler festhalten kann und immer wieder in die Gefahrenstelle zurückzieht.

Wasserlinie

Gedachte Linie, die bei einem Boot genau an der Wasseroberfläche das Boot in der Längsrichtung durchschneidet. Je nach Stevenform ist sie nicht gleich der Bootslänge.

Wildwasser

Dieses bildet sich, wenn Wasser von Berg zu Tal stürzt und dabei auf Hindernisse trifft. Je steiler das Gefälle und/oder je häufiger und größer die Hindernisse, desto schwerer das Wildwasser. Es wird in Schwierigkeitsgrade von WW I (leicht) bis WW VI (unfahrbar) eingeteilt.

Zahmwasser

Gegenteil von Wildwasser, glatte Strömung oder stilles Wasser.

Zuladung

Die maximale Zuladung wird oft auf Basis des Freibords (siehe ☞ S. 90). angegeben: Die tiefste Stelle der Bordwand ragt bei voller Beladung noch ca. 15 cm aus dem Wasser. Diese Angaben sollte man mit Vorsicht genießen: Manches Kanu liegt schon bei der Hälfte dieses Gewichts wackelig im Wasser, ein anderes braucht eine gewisse Grundbeladung und genaue Gewichtsverteilung, um überhaupt eine akzeptable Wasserlage zu bekommen. Hier hilft nur Probeladen und -paddeln.

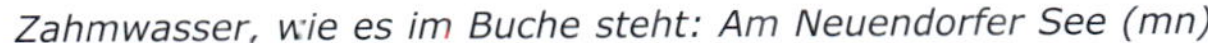

Zahmwasser, wie es im Buche steht: Am Neuendorfer See (mn)

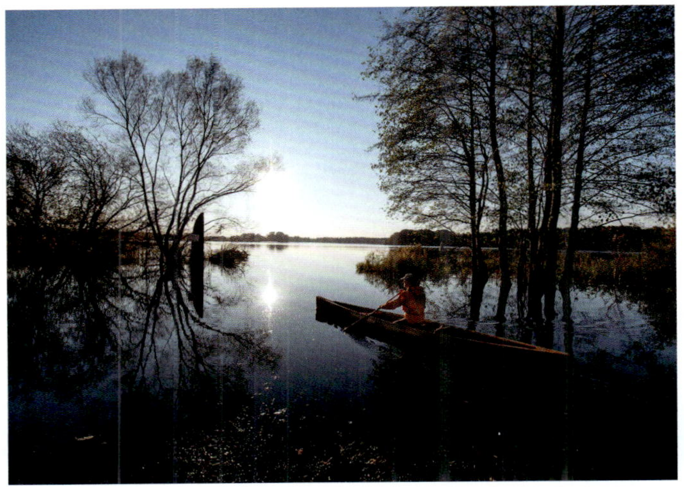

Adressen und Links

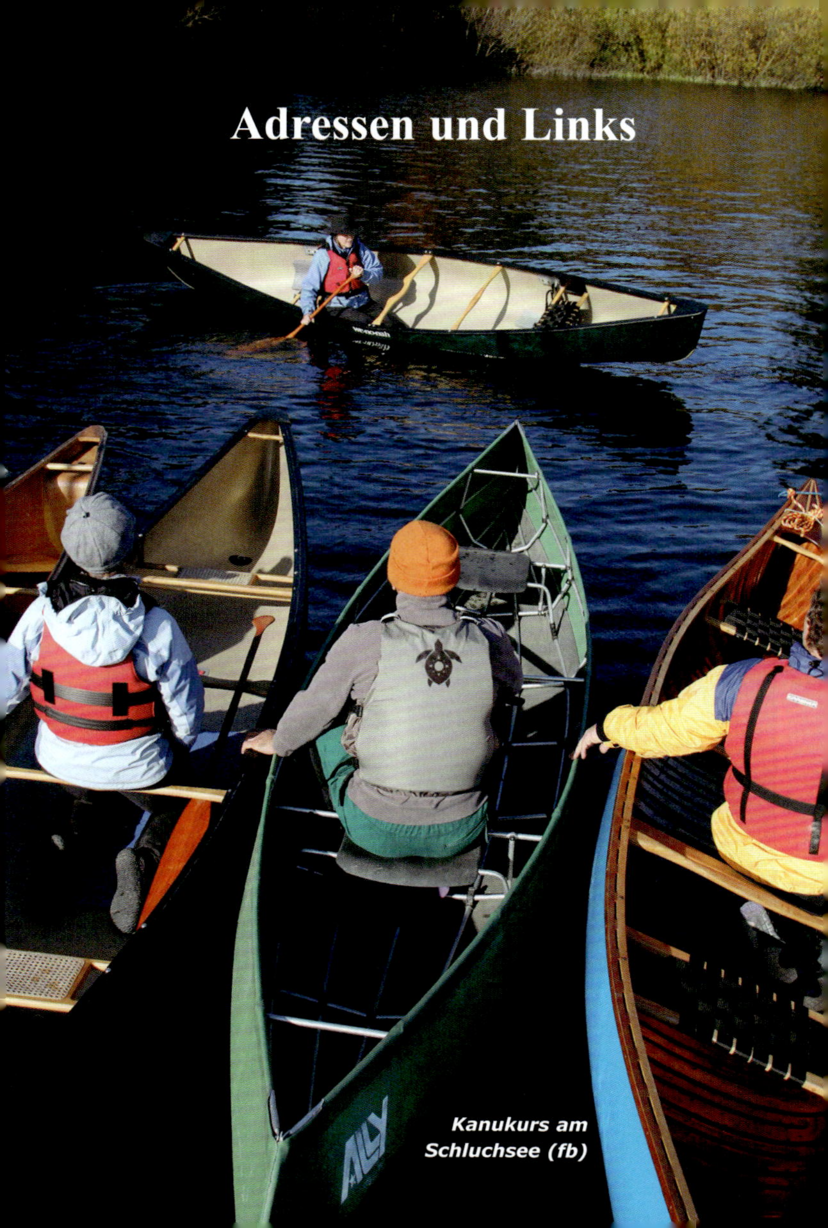

Kanukurs am Schluchsee (fb)

Adressen

Die Anordnung ist willkürlich und nicht als wertend zu betrachten. Bitte beachte, dass diese Liste nicht vollständig sein kann, aber es sind die wichtigsten, im deutschsprachigen Europa erhältlichen Kanu- und Paddelmarken aufgeführt.

Sehr schnelllebig ist zuweilen der internationale Markt. Auch ändern sich Adressen und Internetseiten hin und wieder. Infos über Wettkampf- und Spezialboote findet man am besten im Internet.

Hersteller und Importeure von Solo-Kanadiern

Gatz-Kanus
Bergisch Gladbacher Straße 78
51069 Köln
☏ 02 21/96 44 77 00
💻 www.gatz-kanus.de

Robson bei Mega Sports Vertriebs GmbH
Robsonstraße 1
94209 Regen
☏ 099 21/88 21 90
💻 www.robsonpaddle.de

We-No-Nah und **Old Town** bei Wavecrest
Kremlin 1
29487 Luckau (Wendland)
☏ 058 43/98 62 62
💻 www.canoes.de

Esquif und **Nova Craft Canoe** bei Canadian Trading
Reisgrubengasse 14
97230 Estenfeld
☏ 093 05/98 89 77
💻 www.canadian-trading.de

Mad River Canoe bei blueandwhite GmbH
Eichenstraße 3
83083 Riedering
☏ 080 36/90 63 0
www.madriver.de

Swift Canoe bei carinthian canoe base
Johann-Offner-Straße 16
A-9400 Wolfsberg
+43 66 42 53 80 44
www.swiftcanoe.eu

Ally bei Bergans Outdoor GmbH (Faltkanadier)
Rugenbarg 51
22848 Norderstedt
☏ 040/325 96 44 50
www.bergans.de

Pakboats bei Out-Trade GmbH (Faltkanadier)
Im Ölmühleacker 42
89155 Erbach
☏ 07 31/400 76 75
💻 www.out-trade.de

Hersteller und Importeure von Stechpaddeln

Kober-Moll
Zeppelinstraße 3
72285 Pfalzgrafenweiler
☏ 074 45/858 10-0
💻 www.kober-moll.com

Robson bei Mega Sports Vertriebs GmbH
Robsonstraße 1
94209 Regen
☏ 099 21/88 21 90
💻 www.robsonpaddle.de

Lettmann
Franz-Haniel-Straße 53
47443 Moers
☏ 028 41/999 28 90
💻 www.lettmann.de

Mergner Paddelbau
Nürnberger Straße 109
96050 Bamberg
☏ 09 51/968 29 50
💻 www.mergner-paddel.de

Bending Branches, **Sawyer** und **Aqua-Bound** bei Gatz-Kanus
Bergisch Gladbacher Straße 787
51069 Köln
☏ 02 21/96 44 77 00
💻 www.gatz-kanus.de

Grey Owl und **Mitchell** bei Wavecrest
Kremlin 1
29487 Luckau (Wendland)
☏ 058 43/98 62 62
www.canoes.de

Badger Paddles bei carinthian canoe base
Johann-Offner-Straße 16
A-9400 Wolfsberg
+43 66 42 53 80 44
www.swiftcanoe.eu

Literaturtipps

Mein Bücherregal besteht aus mindestens zwei Metern Kanuliteratur, viel davon aus der Heimat des Kanadiers und in englischer Sprache. Daraus habe ich ein paar Bücher herausgesucht, die sich auch mit dem Thema „Solo im Kanu" befassen. Einige Bücher sind eventuell nur noch antiquarisch erhältlich.

- Burzlauer, Armin: **Kanu-Stechpaddeltechnik 1 für Canadierfahrer-Einsteiger**, Verlag DiKA - Die Kanu-Akademie, ISBN 978-3-98157-700-6 - Diese Reihe wird fortgesetzt, in Vorbereitung sind Teil 2: Aufbauendes für Canadierfahrer und Teil 3: Flussbefahrung mit dem Canadier.
- ♦ Eck, Günter: **Deutsches Flusswanderbuch**, DKV Verlag, ISBN 978-3-93774-327-1 - Ein Beispiel für die umfassende Flussführer-Reihe

des Deutschen Kanu-Verbandes, die in mehreren Büchern Paddelgewässer in ganz Europa vorstellt.

- Hillmann, Carola und Kettler, Thomas: **Mecklenburgische Kleinseen 1 und 2**, Thomas Kettler Verlag, ISBN 978-3-93401-431-2 bzw. 978-3-93401-430-5 - Die Führer der Kanu Kompakt Reihe vereinen Gewässerkarten mit ausführlichen Detailinfos. Bücher zu Lahn, Mosel, Spreewald und vielen weiteren Regionen sind ebenfalls erhältlich.
- Kühn, Axel D.: **Canadierpaddeln**, Verlag Tredition, ISBN 978-3-84911-930-0
- Mareik, Rainer: **Kanuwandern**, Conrad Stein Verlag, ISBN 978-3-86686-011-7
- Mason, Bill: **Die Kunst des Kanufahrens - Der Canadier**, Busse Seewald, ISBN 3-512-00775-9, im englischen Original: **Path of the Paddle**, Firefly Books, ISBN 978-1-55209-328-3
- Mason, Bill: **Song of the Paddle**, Firefly Books (engl.), ISBN 978-1-55209-089-3 (engl.)
- Mason, Paul und Scriver, Mark: **Thrill of the Paddle**, Firefly Books, ISBN 978-1-55209-451-8 (engl.)
- McGuffin, Gary und Joanie: **Faszination Kanusport**, Heel Verlag, ISBN 978-3-89365-849-7, im englischen Original: **Paddle Your Own Canoe**, Boston Mills Press, ISBN 978-1-55046-377-4
- McKown, Doug: **Canoeing Safety & Rescue**, Heritage House, ISBN 978-0-92110-211-3 (engl.)
- 🕮 Ray, Slim: **The Canoe Handbook**, Stackpole, ISBN 978-0-81173-032-7 (engl.)
- Schönfeld, Ralf: **Das Canadier Handbuch**, Monsenstein und Vannerdat, ISBN 978-3-86582-030-3
- Stelmok, Jerry und Thurlow, Rollin: **The Wood and Canvas Canoe**, Tilbury House, ISBN 978-0-88448-046-4 (engl.)
- Weir, James: **Discover Canoeing**, Pesda Press, ISBN 978-1-90609-512-3 (engl.)
- West, Steve: **The Paddler's Guide to Outrigger Canoeing**, Kanu Culture, ISBN 978-0-95865-542-2 (engl.)
- Westwood, Andrew: **Canoeing**, Heliconia Press, ISBN 978-1-89698-069-0 (engl.)
- Acht Mal im Jahr erscheint das **KANU Magazin** im Atlas Verlag. Infos gibt es im Internet unter 💻 www.kanumagazin.de.

Webseiten zum Thema

▷ Die Webseiten von Gatz-Kanus (💻 www.gatz-kanus.de) und Wavecrest (💻 www.canoes.de), beides Hersteller/Importeure von Kanadiern und Zubehör (siehe ☞ Hersteller und Importeure von Solo-Kanadiern, S. 99), bieten neben der Produktpräsentation auch viele Hintergrundinfos zum Kanufahren allgemein.

▷ Auf 💻 www.open-canoe-journal.de findet man Reiseberichte, Termine und Praxis-Tipps zum Thema.
Im Forum werden nicht nur alle Kanuthemen ausführlich diskutiert, unter „Paddelpartner & Co." kann man sich auch zu gemeinsamen Touren verabreden.

▷ In Deutschland, Österreich und der Schweiz gibt es jeweils landesübergreifende Open Canoe Vereine:

- German Open Canoe 💻 www.g-o-c.de
- Austrian Open Canoe 💻 www.aoc.or.at
- Swiss Open Canoe 💻 www.soc.ch

Kanuschulen

Einige Kanuschulen haben sich speziell auf Kanadierkurse spezialisiert. Eine kleine Auswahl davon:

💻 www.canadier.com (Frank Moerke und Torsten Jung, Grünheide bei Berlin)

- www.aca-kanukurse.de (Arne Korthals, Potsdam)
- www.open-canoe.de/heinz (Heinz Götze, Oelde)
- www.wooden-boat.de (Jörg Wagner, Rosbach)
- www.canadierkurs.de (Armin Burzlauer, Nürnberg)
- www.rafftaff.de (Raphael Kuner, Grenzach-Wyhlen)
- www.naturpur.co.at (Gerhard Grimm, Königstetten in Österreich)
- www.kanuschule.ch (James Weir, Versam in der Schweiz)
- www.mitlinxlernen.ch (Karoline Steinmann Frey und Joe Frey, Versam in der Schweiz)
- www.paddelschlag.ch (Franziska Pokorny, Ilanz in der Schweiz)

Im Bundesverband Kanu e.V. haben sich weitere Kanuschulen zusammengeschlossen und bieten umfangreiche Schulungsangebote zu allen Themen des Kanusports. Termine und Infos unter 💻 www.bvkanu.de.

Kanufestivals

▷ Das ganze Jahr über treffen sich begeisterte Stechpaddler auf großen und kleinen Festivals. Die meisten stehen im Terminkalender bei 💻 www.open-canoe-journal.de.

▷ Neu 2013 und zukünftig jährlich soll das XXL-Paddelfestival am Kanupark Markkleeberg (bei Leipzig) steigen: 💻 www.paddelfestival.de.

▷ Auch ein Besuch des Open Canoe Festival Drôme im benachbarten Frankreich lohnt einen Besuch (💻 www.opencanoefestival.com). Es findet immer an Ostern statt.

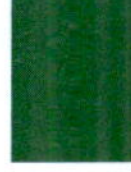

Buchtipps aus dem

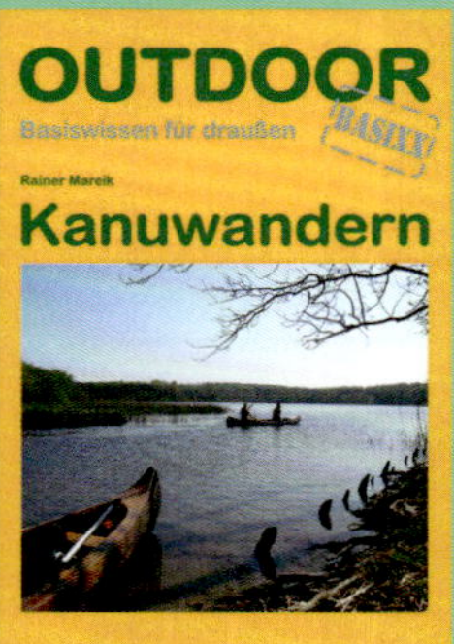

Kanuwandern

Rainer Mareik
OutdoorHandbuch Band 11
Basiswissen für draußen
144 Seiten ▸ 64 farbige Abbildungen
31 farbige Illustrationen

ISBN 978-3-86686-011-7

>> **ekz**: *„ein nützlicher und praktischer Ratgeber für die Vorbereitung einer Kanutour."*

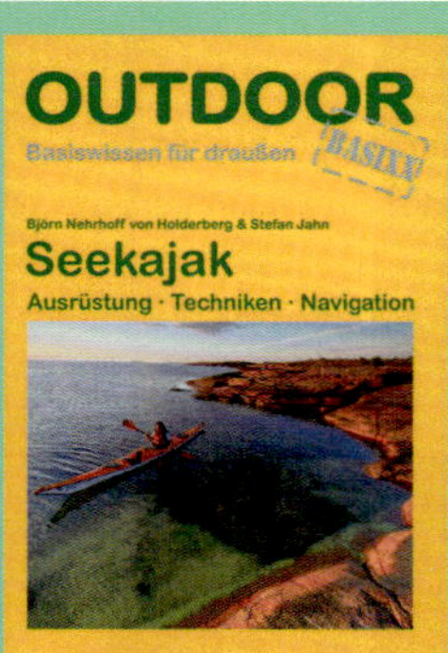

Seekajak

Björn Nehrhoff von Holderberg & Stefan Jahn
OutdoorHandbuch Band 65
Basiswissen für draußen
89 Seiten ▸ 54 farbige Abbildungen
8 farbige Illustrationen

ISBN 978-3-86686-352-1

>> **Kajakmagazin**: *„Die wichtigsten Grundlagen und Verhaltensregeln vermittelt auf anschauliche Weise [dieses] Outdoor-Handbuch."*

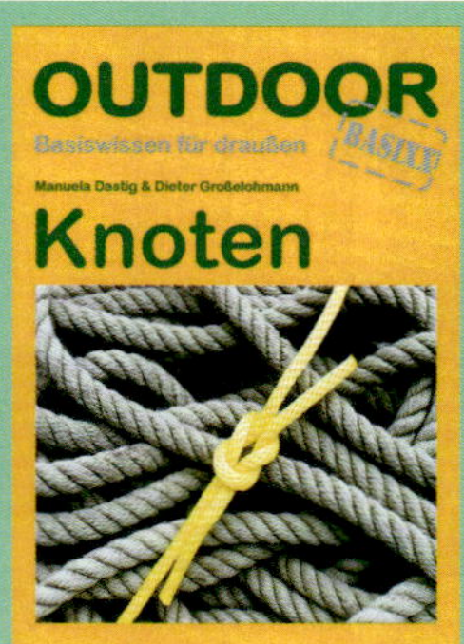

Knoten

Manuela Dastig & Dieter Großelohmann
OutdoorHandbuch 3
Basiswissen für draußen
96 Seiten ▸ 14 farbige Abbildungen
über 180 farbige Illustrationen

ISBN 978-3-86686-377-4

>> **Sprint**: *„Vom Achterknoten über Palstek und Chirurgenknoten bis hin zum Windsorknoten, hier sind alle Informationen über Taue, Seile und Nylons zu finden."*

Conrad Stein Verlag

Karte Kompass GPS

Reinhard Kummer
OutdoorHandbuch Band 4
Basiswissen für draußen
128 Seiten ▸ 85 farbige Abbildungen

ISBN 978-3-86686-404-7

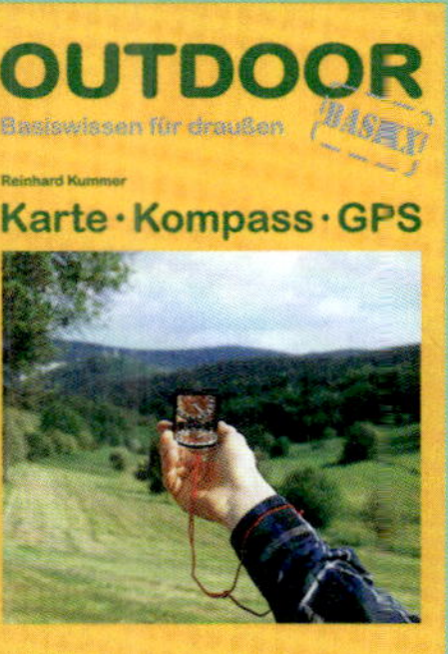

>> **Berlin Alpin:** *„Diese kleine Navigationslehre enthält die Grundkenntnisse der Standortbestimmung mit den drei Navigationsmitteln Karte, Kompass und GPS.“*

Wetter

Michael Hodgson & Meno Schrader
OutdoorHandbuch Band 13
Basiswissen für draußen
91 Seiten ▸ 32 farbige Abbildungen
21 farbige Illustrationen

ISBN 978-3-86686-013-1

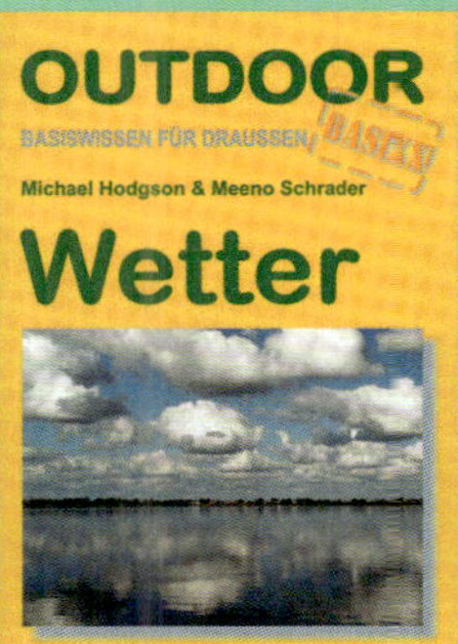

>> **Nordis:** *„... jeder kann lernen, wie man mit und ohne Instrumente zu einem echten Wetterfrosch wird. Ein handliches Büchlein für unterwegs.“*

Angeln

Harald Barth & Ronald Metzger
OutdoorHandbuch Band 21
Basiswissen für draußen
169 Seiten ▸ 91 farbige Abbildungen

ISBN 978-3-86686-021-6

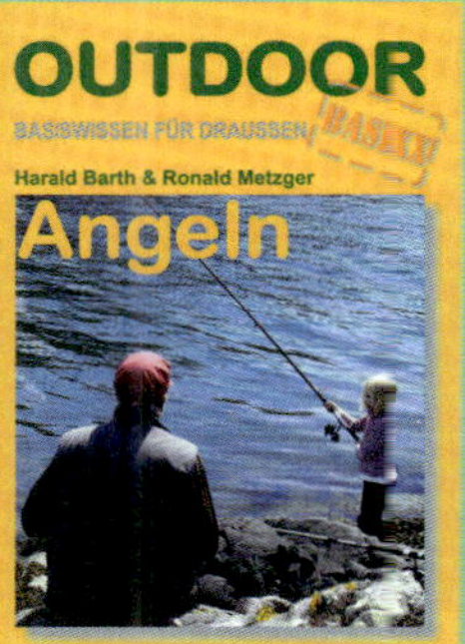

>> **Blinker:** *„Auf 169 Seiten wird in knackiger Form alles vermittelt, was Sie über das Angeln wirklich wissen müssen [...] - kein relevantes Thema wird ausgelassen.“*

Buchtipps aus dem

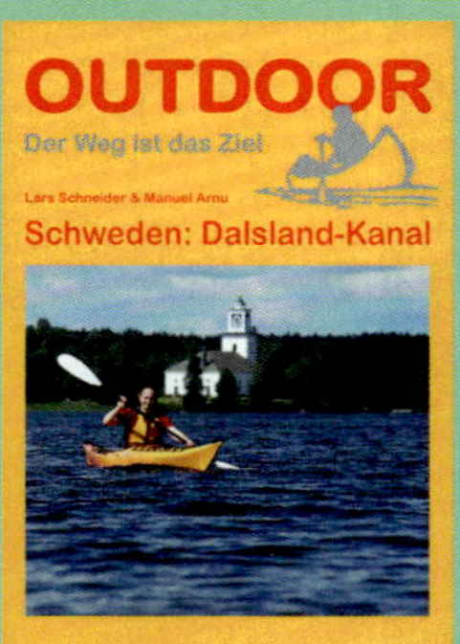

Schweden: Dalsland-Kanal

Lars Schneider & Manuel Arnu
OutdoorHandbuch Band 63
Der Weg ist das Ziel
ca. 153 Seiten ▸ ca. 31 farbige Abbildungen
ca. 16 farbige Kartenskizzen
Neuauflage Frühjahr 2013

ISBN 978-3-86686-370-5

Etwa 250 km führt das Seenlabyrinth des Dalsland-Kanals vom riesigen Vänern-See durch die von tiefen Wäldern geprägten Provinzen Dalsland und Värmland.

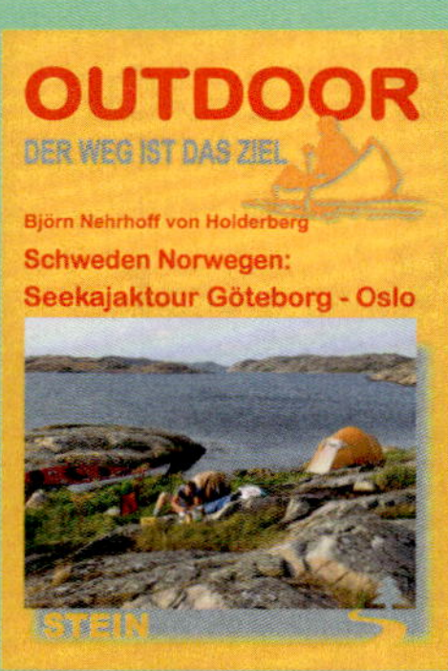

Schweden Norwegen: Seekajaktour Göteborg - Oslo

Björn Nehrhoff von Holderberg
OutdoorHandbuch Band 232
Der Weg ist das Ziel
179 Seiten ▸ 49 farbige Abbildungen
18 farbige Kartenskizzen ▸ 1 farbige Übersichtskarte

ISBN 978-3-86686-232-6

>> Kanu-Sport: *„gute Tipps für eine abenteuerliche Reise in das Insellabyrinth."*

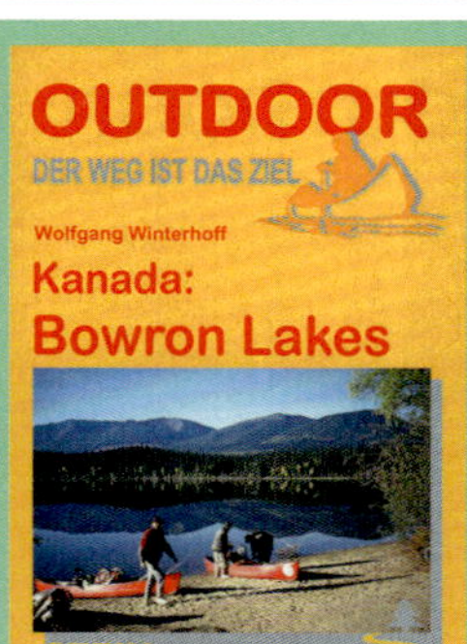

Kanada: Bowron Lakes

Wolfgang Winterhoff
OutdoorHandbuch 37
Der Weg ist das Ziel
149 Seiten ▸ 56 farbige Abbildungen
6 farbige Kartenskizzen ▸ 2 farbige Übersichtskarten

ISBN 978-3-86686-037-7

Eine der schönsten Kanurouten Nordamerikas, die durch eine artenreiche, spektakuläre Wildnis mit unendlichen Wäldern, schneebedeckten Bergen, glasklaren Seen und tosenden Wasserfällen führt.

Conrad Stein Verlag

Polen: Czarna Hancza - Biebrza

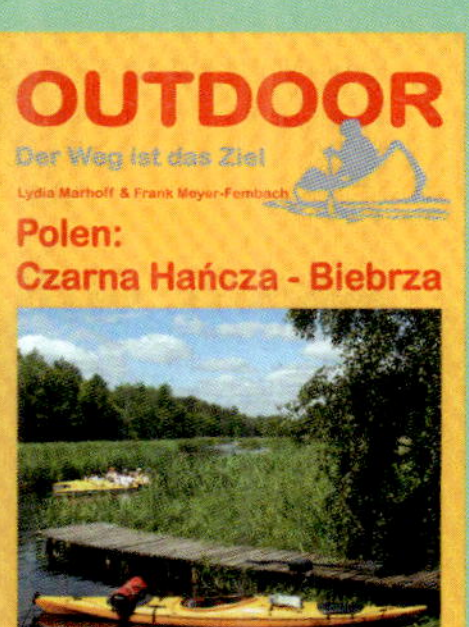

Lydia Marhoff & Frank Meyer-Fembach
OutdoorHandbuch Band 96
Der Weg ist das Ziel
156 Seiten ▸ 43 farbige Abbildungen
21 farbige Kartenskizzen ▸ 1 farbige Übersichtskarte

ISBN 978-3-86686-096-4

>> ekz: *„Sehr ausführliche Beschreibung der Paddeltour durch die Nationalparks.“*

Polen: Kanutouren in Masuren

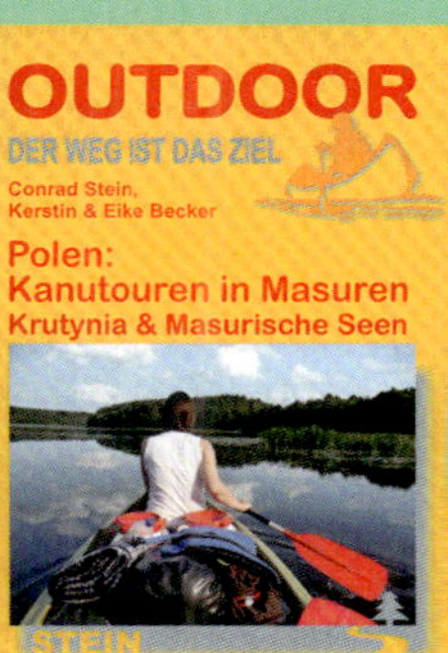

Conrad Stein, Kerstin & Eike Becker
OutdoorHandbuch Band 38
Der Weg ist das Ziel
155 Seiten ▸ 34 farbige Abbildungen
26 farbige Kartenskizzen ▸ 3 farbige Übersichtskarten

ISBN 978-3-86686-038-4

>> Kanu-Sport: *„ein empfehlenswerter Ratgeber für alle die, die [...] unberührte Natur dieses polnischen Landstrichs mit dem Kajak oder Kandier erkunden wollen.“*

Rumänien: Mures Kanutour

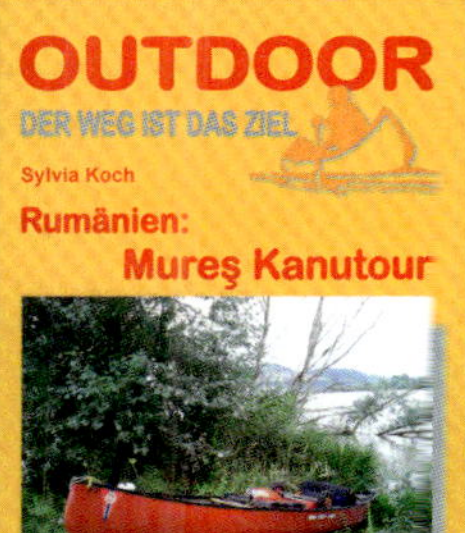

Sylvia Koch
OutdoorHandbuch Band 213
Der Weg ist das Ziel
95 Seiten ▸ 17 farbige Abbildungen
6 farbige Kartenskizzen ▸ 1 farbige Übersichtskarte

ISBN 978-3-86686-213-5

>> Kanu-Sport: *„Das Buch beschreibt den Wegverlauf des Mures von Orga nahe Târgu bis Lipova durch die abwechslungsreiche Landschaft Transsilvaniens.“*